Daniel Stengele

Scheich Abduhl, Oro-Pak-o & Co

Geländespiele, Drogenprojekte, Brettspiele im Menschenformat, Menschenkicker, Kreativworkshops und viele andere Spielprojekte für kurz und lang

Verlag für Pädagogik

Neue Rechtschreibung

1. Auflage, 1.- 3. Tausend, Juli 1999

Herstellung: Fuldaer Verlagsanstalt, Fulda
Gestaltung: Art & Media GmbH, Bonn

ISBN 3-931793-33-8

Inhaltsverzeichnis

Projekte in der Jugendarbeit

Wozu Jugendarbeit?

In der modernen Welt von heute gibt es insbesondere für Kinder und Jugendliche eine zunehmend größere und vielfältigere Bandbreite an Auswahlmöglichkeiten, die Freizeit zu gestalten. Die Angebote, die Kinder und Jugendliche ansprechen sollen, werden ständig überarbeitet und modernisiert. Nicht nur die Werbebranche hat die Gruppe in diesem Bereich entdeckt. Viele Branchen setzen beim Absatz ihrer Produkte auf die Jugend. Eine Überflutung der Zielgruppe mit beliebigen und rasch wechselnden Angeboten ist die Folge.

Bedarf es da noch einer Jugendgruppe? Was steckt eigentlich hinter der Jugendarbeit?

Der Jugendgruppe, wie man sie aus vielen Vereinen oder aus dem kirchlichen Bereich kennt, kommt gerade in unserer heutigen Gesellschaft eine zunehmend wichtigere Rolle zu. Sie stellt ein Lernfeld für das gemeinschaftliche Miteinander dar. In einer Gesellschaft von Klein- und Kleinstfamilien bedarf es einer Institution, wo miteinander leben, sprechen und auskommen an oberster Stelle steht. Die Mitglieder einer Jugendgruppe können außerhalb der Schule lernen, die eigenen Wünsche und Bedürfnisse wahrzunehmen und sie gegebenenfalls auch zurückzustecken. Dazu gehört auch der Versuch, Konflikte ohne Gewalt zu lösen.

Desweiteren bietet eine Jugendgruppe bei Freizeiten, Aktionen oder in der wöchentlichen Gruppenstunde die Möglichkeit, Gemeinschaft zu erleben. Sie bietet einen geschützten Raum, um Probleme zu lösen und sich mit Gleichaltrigen auszutauschen. Die Gruppenmitglieder können sich selbst entdecken und ihre Identität finden. Das Individuum steht dabei an oberster Stelle.

Hierzu ein schöner Leitsatz eines Betreuers aus der Jugendarbeit: „Ich möchte den Kindern und Jugendlichen eine Hilfe sein, dass sie sich und ihren eigenen Lebensweg entdecken können". Für den Gruppenleiter gibt es dabei einiges zu beachten. Er bekommt in einer Jugendgruppe einen ganz besonderen Status. Der Einfluss eines Leiters auf die Kinder und Jugendlichen kann sehr groß sein. Dieser großen Verantwortung sollte sich jeder bewusst sein. Er ist für viele Kinder und Jugendliche ein Vorbild oder gar ein Idol.

Jugendarbeit in der Zeit um die 2. Jahrtausendwende?

Die Jugendarbeit in der Zeit kurz vor der Jahrtausendwende steckt in der Krise. Es gibt einen sehr großen Bedarf von Seiten der Kinder und Jugendlichen an aktiver Jugendarbeit. Gut organisierte Jugendgruppen erfreuen sich eines großen Zulaufs. Doch fehlt es gerade jetzt an Leitern, Betreuern oder wie man auch immer engagierte Menschen in der Jugendarbeit nennen möchte. In vielen Gemeinden ist die Jugendarbeit,

der oftmals kirchlichen Träger, schon seit mehreren Jahren zusammengebrochen. Jugendgruppen mussten zum Teil wegen Leitermangels aufgelöst oder in zu große Gruppen zusammengelegt werden.

Die wenigen übrig gebliebenen Gruppenleiter werden mit den erschwerten Bedingungen nicht fertig. Zeitmangel, Einfallslosigkeit und ungenügende Erfolgserlebnisse ließen auch einige der eifrigsten Gruppenleiter früher oder später aufgeben. Jugendgruppenleiter werden immer wieder zu Animateuren, wie man sie aus Urlaubszentren kennt. Sie wollen dem steigenden Anspruch der Kinder und Jugendlichen gerecht werden und müssen sich immer wieder selbst überbieten. Noch nicht vor allzu langer Zeit genügte es, einen Treffpunkt auszumachen und einige einfache Spiele und Aktivitäten beschäftigten und begeisterten die Jugendlichen zu gleich.

Fernsehen, Video, Computer und eine Vielzahl von Möglichkeiten, seine Freizeit z.B. in Vereinen oder Freizeitzentren zu gestalten, beeinflussen auch die Jugendarbeit. Aktive Leiter in der Jugendarbeit müssen gegen die Macht dieser Faktoren ankämpfen. So könnte man von einem „harten Wettbewerb" um die Gunst der Kinder sprechen.

Die finanziellen Mittel der Jugendarbeit werden in den nächsten Jahren auf ein Minimum reduziert. Der Grund hierfür sind Sparmaßnahmen des Bundes, Landes, Kreises und der Kommunen. Derartige Finanzzuschüsse sind die tragenden Säulen für die Durchführung von Freizeiten und Projekten. Ende 1998 hat beispielsweise ein Landratsamt in Süddeutschland bereits mitgeteilt, dass für Aktivitäten im Jahr 1999 wahrscheinlich keine Zuschüsse zur Verfügung stehen werden. Der Jahreszuschuss für Jugendarbeit in den Vereinen einzelner Gemeinden wird schon seit mehreren Jahren nicht mehr ausgezahlt. Das Ergebnis ist dann ähnlich wie in vielen anderen Bereichen: Ist kein Geld vorhanden, sind die Möglichkeiten für eine aktive Jugendarbeit schon drastisch begrenzt.

In vielen Gemeinden und Städten wird Jugendarbeit trotz der schwierigen Ausgangslage noch erfolgreich praktiziert. Gruppenstunden, Ausflüge, Projekte, Ferienlager, und Aktionen bereichern das Leben unzähliger Kinder und Jugendlicher tagtäglich in ganz Deutschland.

Warum ein Buch für engagierte Menschen in der Jugendarbeit?

Ich möchte mit diesem Buch engagierte Mitarbeiter in der Jugendarbeit unterstützen und ihnen Mut machen. Die Inhalte dieses Buches sollen Anhaltspunkte, Ideen, Tipps und Anregungen für eine erfolgreiche und aktive Jugendarbeit bieten. Es werden Wege aufgezeigt, neue Impulse für das Ferienlager und Aktionen für die Gruppenstunde zu setzen. Die Vorschläge sollen den Horizont des Möglichen erweitern und eine Hilfe für eine mit Humor und Erlebnissen gefüllte Jugendarbeit bieten. Erst wenn Kinder und Jugendliche und ihre Gruppenleiter an der Jugendarbeit Spaß haben, wird sie erfolgreich. Die Gruppenstunde wird zu einem Teil ihres Lebens.

Fragen und Probleme zu den unterschiedlichsten Bereichen tauchen dabei auf. Diese Themen werden in den Projekten aufgegriffen. So wird das, was das Wort „Jugendarbeit" eigentlich aussagt, in die Tat umgesetzt. Mit der Jugend wird gearbeitet, gearbeitet an den Bedürfnissen und Problemen der Kinder und Jugendlichen in unserer heutigen Zeit. Gerade diese Projektarbeit macht für mich die Jugendarbeit interessant. Das Heranwachsen der Kinder zu beobachten, ist ein spannendes und erfreuliches Abenteuer.

Hinweis: Warum immer die maskuline Form?

Für die Beschreibung der Personen bei sämtlichen Aktionen, Spielen und Methoden habe ich in allen Fällen die maskuline Form verwendet. Natürlich ist dieses Buch nicht nur für männliche Lehrer, Gruppenleiter, Teilnehmer und Spieler gedacht. Aus Gründen der Lesbarkeit habe ich mich dafür entschieden. Ich bitte die Leserinnen hierfür um Verständnis.

Tagesprojekte

Die Grundlagen

Was ist ein Tagesprojekt?

Bei Tagesprojekten handelt es sich um Aktionen, die einen ganzen Tag in Anspruch nehmen. Natürlich können auch nur einzelne Elemente und Teile herausgenommen und durchgeführt werden. Aus meiner Erfahrung ist es aber sinnvoll, einen ganzen Tag dafür zu investieren. Die Ziele eines Tagesprojektes werden erst bei der Durchführung des kompletten Tagesablaufs erreicht. In meiner bisherigen Arbeit habe ich festgestellt, dass der Aufbau und eine klare Struktur eines Mottotages von großer Wichtigkeit sind.

Beim Aufbau eines Mottotages (Tagesprojekt mit einem Motto) achte ich sehr auf die Ganzheitlichkeit des Projektes. Das heißt: Der Tag beginnt mit einer Einführung, darauf folgt die eigentliche Hauptaktion. Der gemeinsame Abschluss ist genauso wichtig wie das Abstimmen der Mahlzeiten auf das Thema. Bei der Auswahl der Mahlzeiten können auch wichtige Elemente der Kultur oder des Brauchtums des jeweiligen Volkes oder Landes inszeniert werden. So schmeckt ein orientalischer Eintopf aus einem Topf, der an einem Dreibeingestell über dem Feuer gekocht wurde, ganz anders als wenn er aus einer „modernen" Küche kommt. Auch dazugehörige Bräuche können sehr schön eingebracht werden, z.B. ein Tanz um die Grillstelle. Das gemeinsame Feuerholz sammeln sowie das Entzünden des Feuers hinterlässt bei Kindern und Jugendlichen Eindrücke, an die sie noch oft zurückdenken werden. Gerade bei Dunkelheit beeindruckt das Feuer Menschen, insbesondere Kinder, sehr stark.

Aktionstage mit einem Motto eignen sich ganz besonders für Ferienlager. Die von mir beschriebenen und durchgeführten Tagesprojekte können direkt umgesetzt werden oder dienen als Anhaltspunkt für die Entwicklung eigener Ideen. Die hier beschriebenen Mottotage eignen sich für Kinder und Jugendliche von ca. 8 bis 15 Jahren.

Die Kinder können bereits am Abend zuvor oder am Morgen auf das Thema eingestimmt werden. Eine Traum- oder Phantasiereise in einer gemütlichen Atmosphäre bietet sich für jedes Alter an. Auch eine Geschichte über das Thema regt die Phantasie der Kinder und Jugendlichen an (▶ ***Traum-Phantasiereise unter Gruppenleiter-ABC***). Zur Einstimmung gehört auch das Verkleiden, da sich die Teilnehmer dann besser mit der Rolle identifizieren können. Für Kinder ist es von großer Bedeutung, sich verkleiden zu können. Gerade Kindern macht es sehr viel Spaß, durch die Verkleidung in eine andere Rolle oder Person zu schlüpfen. Bei der Durchführung von derartigen Mottotagen habe ich festgestellt, dass Kinder mit viel Mühe, Aufwand und Sorgfalt die Verkleidungen nach ihren eigenen Vorstellungen anfertigen. Sie lassen sich schnell auf das Motto ein und entwickeln Vorstellungen, wie zum Beispiel ein Indianer gekleidet ist (▶ ***VERKLEIDUNG UNTER GRUPPENLEITER-ABC***). Der Bau von typischem Handwerkszeug, wie z.B. einen Steinzeithammer, begeistert ebenfalls immer wieder aufs Neue.

Verkleidet und mit dem passenden Werkzeugen ausgerüstet steht nun der Bau einer geeigneten Unterkunft an. Die Unterkunft wird für das Geländespiel benötigt und muss daher im Spielfeld aufgebaut werden. Mit einfachsten Mitteln wie Reissnägeln und Schnur werden aus Naturmaterialien Zelte und Hütten auf, unter oder über der Erde, z.B. in einem hohen Baum, konstruiert.

Der Hauptteil des Mottotages bildet das Geländespiel. Das Alter spielt ebenso wie die natürlichen Bedingungen eine wesentliche Rolle. So eignet sich ein Waldstück eher für einen Indianertag als für einen „Wüstentag“. Meist lohnt es sich, ein Stück gemeinsam zu gehen, um ein geeignetes Spielgelände zu finden.

Die Ziele

- **Förderung der Phantasie und die Entdeckung der Kreativität**

Die Kinder und Jugendlichen sollen lernen, mit wenigen Mitteln und Materialien aus der Natur Kleidung, Handwerkszeug oder eine Behausung zu bauen. Sie lernen die verschiedenen Materialien und deren Eigenschaften kennen. Die Handhabung der Materialien und den Umgang mit den Lebewesen der Natur zu lernen, sind gerade für Kinder aus der Stadt wichtige Ziele.

- **Themen spielerisch bearbeiten**

Das Thema „Umweltzerstörung“ kann z.B. spielerisch aufgearbeitet werden. So wird dieses ernste und z.T. auch platt geredete Thema nicht wie im Unterricht behandelt. Die Kinder und Jugendlichen können durch direkten Kontakt mit der Umwelt und deren Bedrohung konfrontiert werden. Die Jugendlichen sehen z.B. die geschädigten, rötlich verfärbten Nadeln einer Fichte oder wild abgelagerter Müll kommt beim Bau einer Hütte unter einem Blätterhaufen zum Vorschein.

- **Gemeinschaft in der Gruppe fördern**

Die Jugendlichen lernen den Umgang untereinander. Absprachen und Entscheidungen müssen getroffen werden. Gerade bei den Geländespielen stellt sich sehr schnell heraus, dass man nur als Team gewinnen kann. Jedes Mitglied aus der Gruppe muss daher einbezogen werden.

- **Intensive Beschäftigung mit einem Thema**

Ein weiteres Ziel ist, dass sich die Teilnehmer einen ganzen Tag hindurch intensiv mit einem Thema beschäftigen. Dabei ist darauf zu achten, dass der Zusammenhang zwischen den einzelnen Programmteilen klar erkennbar ist. Große Abwechslung bei der Auswahl der Methoden und der Gestaltung des Tages ist sinnvoll.

- **Sich kennen lernen und Vorurteile abbauen**

Gelegentlich gibt es zu Beginn, gerade bei jüngeren Teilnehmern, Kontaktschwierigkeiten. Nach meiner Erfahrung lösen sich die Schwierigkeiten meistens schon nach kurzer Zeit. Eine weiteres Ziel eines Aktionstages rückt deshalb in den Blickpunkt: Die Kinder und Jugendlichen lernen sich kennen. Vorurteile können abgebaut werden. Die Erfahrungen und Ideen eines jeden Einzelnen ergeben etwas Ganzes. Die Zusammengehörigkeit wächst. Schwächere sollen integriert und von der Gruppe akzeptiert werden.

Die Struktur eines Mottotages

Vormittag

- Einführung in das Thema durch Phantasiereise/Geschichte ...
- Verkleidungsaktion
- Bau von entsprechendem Handwerkszeug, z.B. Steinhammer für den Orienttag

Nachmittag

- Erläuterung der Regeln des Geländespiels
- Gruppeneinteilungsspiel
- Geländespielvorbereitung, z.B. Bau einer Behausung je nach Thema
- Geländespiel
- Schatzsuche/Siegerehrung

Abend

- Impulse zum Thema, evtl. das Ende der Geschichte vorlesen

Tagesprojekte für Aktionstage mit einem Motto und Geländespiel

Der Army-Tag

Gerade bei jungen Erwachsenen stellt sich vor der Einberufung die Frage: Bundeswehr oder Zivildienst? Sicherlich gibt der Army-Tag keine Antwort auf diese Frage. Die Teilnehmer werden sich aber an diesen ganz speziellen Tag erinnern. Ob sich Kinder und Jugendliche während oder nach dem Army-Tag Gedanken über den Sinn oder Unsinn der Bundeswehr machen, ist ungewiß. Eines ist jetzt schon sicher: Es gibt jede Menge Spaß.

Die Teilnehmer erhalten schon im Vorfeld einen Musterungsbogen. Dadurch werden die Jugendlichen auf die anstehende Musterung vorbereitet (siehe Anlage).

Vormittag

Musterung

ZIMMER 101 Aufenthaltsraum/Warteraum

Die Wehrpflichtigen (Teilnehmer) erscheinen mit dem ausgefüllten Musterungsbogen und in kurzer Hose und T-Shirt. Ein Musterungsgehilfe (Leiter) ruft sie der Reihe nach auf (jeweils in 2er oder 3er-Gruppen).

ZIMMER 201 Musterungsvorbereitung (2 Arzthelferinnen)

Die Wehrpflichtigen werden durch die Arzthelferinnen folgendermaßen untersucht:

- 10 Kniebeugen (vorher + nachher Puls messen)
- Zähne kontrollieren
- Strecksprünge
- Liegestütze

Die Ergebnisse werden auf dem Untersuchungsbogen eintragen.

ZIMMER 202 Hauptuntersuchung (Arzt)

Die Wehrpflichtigen kommen mit dem Untersuchungsbogen zum Arzt. In der Hauptuntersuchung werden vom Arzt witzige Krankheiten erfunden, z.B. Zungenfraktur = ein Stück einer Gipsbinde wird als Verband auf die Backe geklebt.

Anschließend werden die Jugendlichen in Gruppen (für das Geländespiel) eingeteilt. Jeder Wehrpflichtige erhält eine Nummer (je nach Anzahl der gewünschten Gruppen). Eine Armbinde mit der entsprechenden Nummer signalisiert die Gruppenzugehörigkeit. Im Anschluss haben die Wehrpflichtigen Zeit sich „auszurüsten" und umzuziehen.

Kleidung kann im Vorfeld gebastelt werden (Batik), Abzeichen und Orden werden aufgemalt und Barretmützen werden aus Zeitung hergestellt. Zur Ausrüstung gehören keine Messer, Dolche und andere gefährliche Gegenstände.

Trainingsparcours

Während die Teilnehmer gemustert werden, wird draußen ein Trainingsparcours aufgebaut. Die Gemusterten sollen auf ihre körperliche Fitness getestet werden. Folgende Elemente können einbezogen werden: kriechen, rennen, hüpfen, springen, klettern etc. Möglichkeiten hierfür gibt es in großer Zahl. So könnte z.B. ein Slalomrennen zu Beginn stattfinden. Anschließend müssen die Gemusterten ein Seil hochklettern, über eine Bank springen und durch unwegsames Gelände kriechen. Mit Trillerpfeife im Mund beaufsichtigt ein angeblicher Offizier die richtige Abfolge. Hierbei ist darauf zu achten, dass der Parcours für alle Teilnehmer zu absolvieren ist. Gegebenenfalls müssen Hilfestellungen angeboten werden. Im Anschluss daran wird der Gleichschritt geübt.

Nachmittag

Atomgeländespiel

Ort: Wald und Wiesenstück

Spieler: mind. 4 x 4 Personen

Dauer: 2–2,5 Std.

Beispiel: 5 Gruppen à 6 Teilnehmer

Material: verschiedene Gegenstände pro Gruppe (Atome), Anzahl soviel wie Gruppen vorhanden, entsprechende Anzahl Tücher, Schatztruhen (evtl. Schuhschachteln), ***Schatzkarten*** (► ***siehe Gruppenleiter-ABC***), Pressluftfanfare, Trillerpfeife

Spielaufbau

Die Gruppen werden, wie in der folgenden Zeichnung angedeutet, im Gelände verteilt. Die Einteilung der Gruppen erfolgte bereits durch die Musterung.

Jede Gruppe soll sich einen versteckten Stützpunkt aussuchen und diesen aufbauen (► ***Material unter Gruppenleiter-ABC***). Hierfür ist ein Waldstück mit einer

Lichtung im Mittelpunkt am besten geeignet. Das Waldstück sollte abgegrenzt werden, so dass die Stützpunkte nicht zu weit entfernt aufgebaut werden. Es ist sehr wichtig, dass sich die einzelnen Gruppen den Stützpunkt selber aussuchen und aufbauen können. Alle anderen Gruppen dürfen nur die ungefähre Himmelsrichtung kennen.

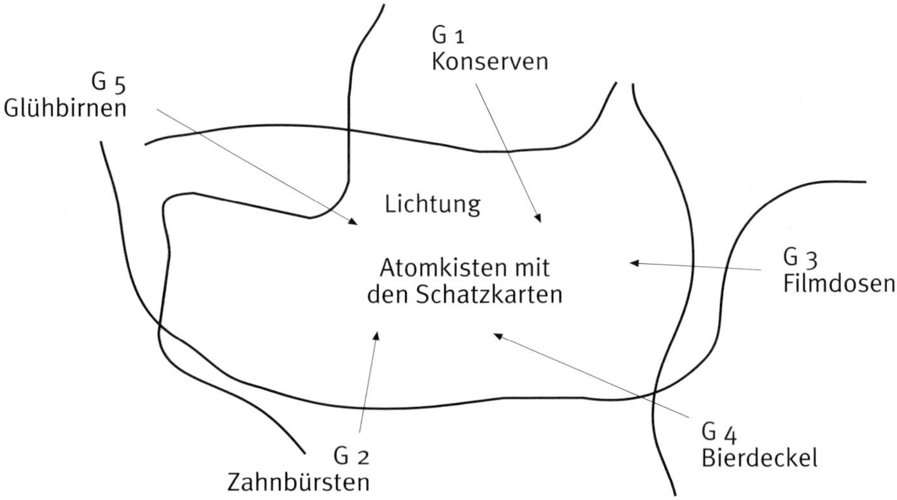

Jede Gruppe (G) muss sich ein „KLE“ überlegen. „KLE“ ist der Ausdruck für das Symbol der Gruppe. Dies sollte ein Gegenstand aus der Natur sein, z.B. Eicheln, Schlüsselblumen ... Dieses „KLE“ sollte man nicht sofort im Wald finden können, aber es muss mehrmalig vertreten sein (mind. 5 Exemplare). So sind z.B. Tannenzapfen in einem Tannenwald nicht sinnvoll.

Spielbeginn

Jede Gruppe erhält so viele Atome wie die Anzahl der mitspielenden Gruppen (z.B. Gruppe 3 erhält 5 Konserven). Zusätzlich sucht jede Gruppe ein „KLE“. Dieses „KLE“ wird auf ein Tuch im Stützpunkt der Gruppe gelegt.

Die Mitglieder einer Gruppe verlassen nach einer Stunde den eigenen Stützpunkt und suchen den der anderen Gruppen. Als Startzeichen dient ein ***SIGNAL* (▶ *SIEHE GRUPPENLEITER-ABC*)**. Einer aus jeder Gruppe muss im Stützpunkt bleiben, um die Atome zu bewachen und gegen die „KLE´s“ einzutauschen.

Entdeckt ein Angreifer den fremden Stützpunkt, so sieht er das jeweilige „KLE“ und muss nun versuchen, ein weiteres Exemplar des „KLE´s“ zu suchen (z.B. eine 2. Schlüsselblume). Dieses Exemplar kann dann gegen das Atom des jeweiligen Stützpunkts eingetauscht werden (z.B. bei G 5 = Glühbirne). Hat der Angreifer das „KLE“ gegen ein Atom eingetauscht, läuft er zu seinem eigenen Stützpunkt zurück und gibt es dort ab. Erhaltene Atome und „KLE´s“ dürfen nicht mehr weggenommen werden. Dadurch entsteht kein Kampf und das Spiel kann nur mit Strategie und

Ausdauer gewonnen werden. Die Schwierigkeit des Spiels besteht zum einen darin, die Stützpunkte ausfindig zu machen und zum zweiten ein gleiches „KLE" zu finden.

Ziel

Jede Gruppe soll versuchen je ein Atom der anderen vier einzutauschen. Die vier verschiedenen Atome der fremden Stützpunkte und das eigene Atom können auf der Lichtung gegen die Schatzkarte eingetauscht werden. Alle Gruppen, die im Besitz der ***Schatzkarte*** (▶ ***siehe Gruppenleiter-ABC***) sind, können sich auf Schatzsuche begeben. Hat nach ca. 1,5 – 2 Stunden nach Spielbeginn noch keine Gruppe eine Schatzkarte erhalten, so wird das Spiel durch ein Signal abgebrochen. Die Gruppe, die bis zu diesem Zeitpunkt die größte Anzahl an Atomen besitzt, erhält die Schatzkarte.

Hinweise

Das Spiel fesselt die Spieler bis zur letzten Minute. Bei der Gruppeneinteilung ist es sinnvoll nach dem Alter gleichmäßig aufzuteilen. Selbstverständlich müssen die Entdeckungen der Stützpunkte geheim bleiben, da sonst Spione leichtes Spiel haben. Die Person, die im Stützpunkt zurückbleibt, sollte von Zeit zu Zeit ausgewechselt werden, so dass jeder Spieler einer Gruppe den Stützpunkt einmal im Verlauf des Spiels bewacht hat. Ein ***Notsignal*** (▶ ***siehe Gruppenleiter-ABC***) wird zu Beginn vereinbart.

Abend

Als Abendessen bietet sich z.B. ein Erbseneintopf oder dergleichen an. Die Teilnehmer des Army-Tages werden am Abend ziemlich müde sein und zeitig ins Bett gehen. Doch was wäre ein Army-Tag ohne einen nächtlichen Alarm? Mit einer lauten Pfeife oder entsprechender Musik werden die Schlafenden aus ihren Träumen gerissen. Im Gleichschritt geht es dann zum großen Manöverspiel.

Das Manöverspiel findet in einem kleinen übersichtlichen Waldstück statt. Das Gelände darf den Teilnehmern nicht völlig fremd sein. Mehrere Leiter haben sich in diesem Waldstück versteckt. Dabei können sie es sich hinter einem Baum oder Fels oder auch auf einem Baum oder wo auch immer bequem machen. Die Spieler haben die Aufgabe, einzeln und in absoluter Stille den Wald zu betreten. Jeder muss versuchen die Versteckten zu finden. Als Hilfe dienen verschiedene Geräusche, die die Leiter in unterschiedlichen Zeitabständen erzeugen. Die Spieler brauchen also nur den Geräuschen zu folgen. Wurde ein Leiter entdeckt, so erhält der erfolgreiche Sucher einen Kontrollzettel. Wer als erster alle Leiter gefunden hat, der hat gewonnen.

Hinweise

Das Gelände darf während des Spiels von keinem Teilnehmer verlassen werden. Ertönt das ***Notsignal*** (▶ ***siehe Gruppenleiter-ABC***) treffen sich alle Teilnehmer wieder auf dem Ausgangsplatz, der mit einer Lampe während der gesamten Spieldauer beleuchtet wird. Spielt man mit kleineren Kindern, können sie auch in Kleingruppen den Wald untersuchen. Alle Gruppenleiter haben für den Notfall eine Taschenlampe dabei.

Eine Geschichte aus 1001 Nacht

Vormittag

Die ***TRAUM-PHANTASIEREISE*** (► ***SIEHE GRUPPENLEITER-ABC***) bietet wieder den Einstieg, gefolgt vom Herstellen der ***VERKLEIDUNG*** (► ***SIEHE GRUPPENLEITER-ABC***).

Nachmittag

Scheich-Abduhl-Spiel, ein orientalisches Geländespiel

Ort: Wald und Wiesenstück

Spieler: mind. 4 x 4 Spieler

Dauer: 2–2,5 Std.

Beispiel: 5 Gruppen à 7 Spieler

Material: Schminke, farbige Stoffbänder, Rohstoffe (werden später noch beschrieben) pro Gruppe (Anzahl so viele wie Gruppen vorhanden),Trillerpfeife oder Pressluftfanfare, Punkteliste und Stift

Spielaufbau

1. Gruppe Scheich Abruchsel
2. Gruppe Scheich Lombardi
3. Gruppe Scheich Achamet
4. Gruppe Scheich Ortilia
5. Gruppe Scheich Smaragta

In jeder Gruppe werden folgende sieben Rollen verteilt:

- Scheich,
- Maharadscha und
- fünf Sklaven.

Bei kleineren Gruppen reduziert sich die Anzahl der Sklaven auf 2 Sklaven. Die unterschiedlichen Gruppen können durch farbige Stoffbänder gekennzeichnet werden. Die Unterscheidung der Person wird durch aufgeschminkte Zeichen auf der Stirn möglich, z.B. Stern = Scheich, Kreis = Maharadscha usw.

Jede Gruppe wird wie im Atomgeländespiel in eine andere Himmelsrichtung geschickt. Die Gruppe hat die Aufgabe, eine versteckte Unterkunft für Scheich, Maharadscha und die Sklaven zu bauen. Jede Gruppe erhält einen „Rohstoff" (z.B. Tennisbälle, Kugelschreiber ...) und es werden 20 gleiche „Rohstoffe" pro Gruppe ausgegeben.

Spielbeginn

Nach 45–60 Minuten wird mit einem ***SIGNAL*** (► *SIEHE GRUPPENLEITER-ABC*) der Spielbeginn bekannt gegeben. Scheich und Maharadscha haben die Aufgabe den Rohstoff des fremden Scheichs zu entdecken, welcher von einem Sklaven bewacht wird. Wird das Versteck entdeckt, so muss der Sklave einen Rohstoff an den Fremden geben. Der Scheich oder Maharadscha läuft zurück und übergibt die Beute an seinen Sklaven.

Es muss versucht werden, die vier anderen Stämme zu finden und deren Rohstoffe zu erbeuten. Hat man insgesamt alle fünf verschiedenen Rohstoffe zusammen, so gibt es dafür eine höhere Punktzahl (20 Punkte).

Trifft ein Scheich einen Maharadscha einer anderen Gruppe mit einem Rohstoff an, so muss der Maharadscha den Rohstoff an den Scheich abgeben. Umgekehrt aber nicht, da der Scheich in der Hierarchie über dem Maharadscha „steht".

Bei dem Signal „Ölsturzangriff"(wird mit einem Dauerton aus der Pressluftfanfare oder mehreren Trillerpfeifen signalisiert) können die Sklaven, der Scheich sowie der Maharadscha (ein Sklave muss bei den Reserven des Scheichs bleiben) aufbrechen und den Fremden, die ihnen über den Weg laufen, deren Beute abnehmen. Beispiel: Das Signal ertönt und Scheich Achamet läuft gerade mit einem Rohstoff (z.B. Glühbirne) nach Hause. Da kommt ihm ein fremder Sklave in die Quere. Nun muss er die Glühbirne abgeben, obwohl der Sklave sonst unter ihm „steht". Scheich, Maharadscha sowie Sklaven sind nur während des „Ölsturzangriffs" gleichwertig. Der Angriff dauert ca. 2–3 Minuten und wird alle 10–15 Minuten wiederholt. Ist die Zeit vorbei, versuchen Sklaven und Maharadscha so schnell wie möglich in ihre Behausung zu gelangen, ohne einem fremden Scheich zu begegnen, und bringen so den Rohstoff in Sicherheit. Jeder Rohstoff, der zu Hause beim Sklaven angekommen ist, darf nicht mehr erobert werden. Fünf verschiedene Rohstoffe ergeben 20 Punkte, während einzelne Rohstoffe einen Punkt bringen.

Wichtig: Man darf, egal wo man sich befindet, immer nur einen Rohstoff bei sich tragen.

Auf diese Regel ist besonders zu achten, da ansonsten der ganze Spielablauf durcheinander gebracht werden kann.

Ziel

Sieger ist die Gruppe, die als Erste 60 Punkte erreicht hat, also 3 x 5 Rohstoffe. Sind am Ende des Spiels einzelne Rohstoffe noch vorhanden, so werden diese mit einem Punkt bewertet. Erweiterung: Die Gruppe, die als Erste die 60 Punkte erreicht hat, erhält die ***Schatzkarte*** (▶ ***siehe Gruppenleiter-ABC***).

Hinweise

Der Sklave, der das Versteck des Scheichs bewacht, wird in der Gruppe der Sklaven ausgewechselt. So langweilt sich keiner der Sklaven. Desweiteren wird zu Beginn ein ***Notsignal*** (▶ ***siehe Gruppenleiter-ABC***) vereinbart.

Bei diesem Geländespiel kann es vorkommen, dass die vorhandenen Rollen der Teilnehmer der Freizeit in das Spiel übertragen werden. Ein großer und starker Teilnehmer wird in diesem Spiel dann automatisch zum Scheich. Ein schüchterner kleiner Teilnehmer wird dann eher zum Sklaven. Auf diese Rollenverteilung ist beim Beginn des Spiels zu achten.

Abend

Ein Ausklang am Lagerfeuer oder ein Fackelzug durch den Orient (nächtlicher Wald) kann für einen angemessenen Abschluss stehen. Auch spannende Geschichten aus 1001 Nacht am Lagerfeuer unter freiem Himmel oder im gemütlichen Schlafraum bei Kerzenlicht können einen ruhigen Ausklang darstellen. Aus meiner Erfahrung sind nach einem derartigen Tag alle Beteiligten ziemlich müde und daher bietet sich ein ruhiger Ausklang an.

Der Indianertag

Vormittag

Siehe Vormittag bei den vorherigen Spielen.

Nachmittag

Häuptling „Rote Socke" Spiel –

ein Indianerspiel wie zu früheren Zeiten

Ort:	Wald und Wiesenstück
Spieler:	mind. 3 x 5 Spieler
Dauer:	2–2,5 Std.
Beispiel:	5 Gruppen à 5 Spieler
Material:	farbige Stoffstreifen, Lebensbänder in der gleichen Farbe (Beispiel: 15 Stück/Mannschaft, siehe Aufteilung), pro Gruppe: ein Ytongstein, eine Säge, eine Raspel, eine Feile und ein Farbbecher, Pinsel

Spielaufbau

In jeder Mannschaft werden folgende Rollen verteilt:

- Häuptling
- Berater
- Squaw
- Medizinmann
- Sklave

Der Spielaufbau gestaltet sich wie beim Scheich-Abduhl-Spiel. Die Spieler werden in fünf gleich starke Gruppen à fünf Spieler eingeteilt. Innerhalb der Gruppen werden jeweils die fünf Rollen verteilt. Hierbei sollte darauf geachtet werden, dass die Rangfolge der Personen ungefähr den körperlichen Zuständen (Kraft, Kondition ...) entspricht.

Die Kennzeichnung der einzelnen Gruppen erfolgt durch farbige Bänder. Die Bänder können, wie es für Indianer typisch ist, als Stirnband getragen werden. Die Rolle wird durch ein Zeichen, z.B. Kreuz auf der Wange, gekennzeichnet.

Dann folgt die Aussendung der Gruppen in die entsprechende Himmelsrichtung (siehe Zeichnung Seite 20). Die Gruppen haben die Aufgabe, sich eine typische Indianerbehausung zu bauen (▶ ***Material unter Gruppenleiter-ABC***). Hinzu kommt beim „Rote Socke-Spiel", dass jede Gruppe einen Ytong-Stein bekommt (die Steine sind beim Maurer oder im Baugeschäft günstig erhältlich).

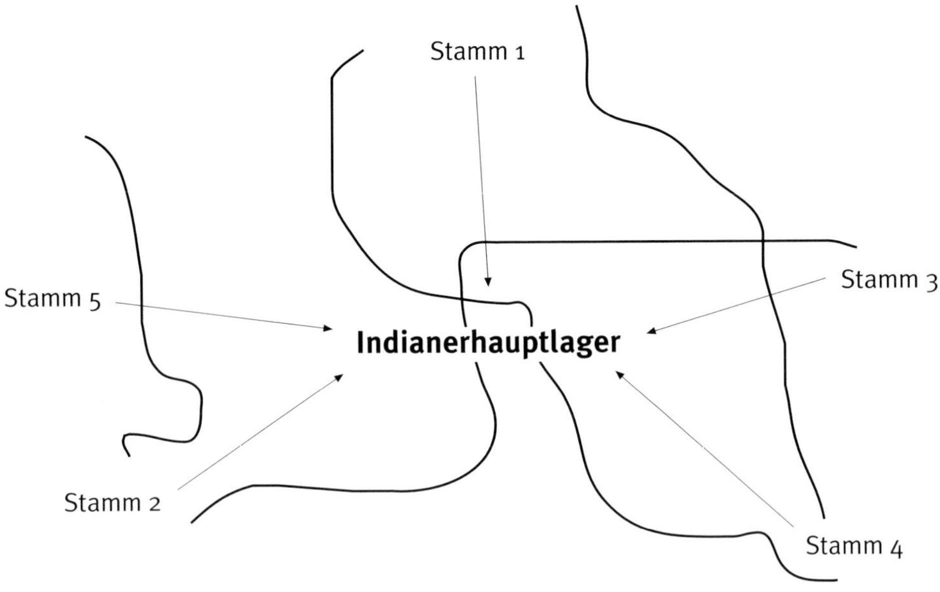

Spielbeginn

Nach einer zuvor bekannt gegebenen Zeit von ca. 45 Min. beginnt das Spiel. Das ***STARTSIGNAL*** **(** **▶ *SIEHE GRUPPENLEITER-ABC*** **)** ertönt. Die Indianer müssen das Wigwam verlassen und sich auf die Suche nach anderen Indianern machen.

Jeder Indianer hat mindestens ein Leben. Ein Leben wird durch einen farbigen Stoffstreifen symbolisiert, den er am Handgelenk mit sich trägt. Die Indianer eines Stammes haben die gleiche Farbe. Es gilt folgende unterschiedliche Verteilung der Leben:

Häuptling	ein Leben	(1 farbigen Stoffstreifen am Handgelenk)
Berater	zwei Leben	(2 farbige Streifen)
Squaw	drei Leben	(3 farbige Streifen)
Medizinmann	vier Leben	(4 farbige Streifen)
Sklave	fünf Leben	(5 farbige Streifen)

Die unterschiedliche Aufteilung der „Leben“ ist notwendig, da z.B. das Leben des Häuptlings sehr sicher ist, denn es gibt nur wenige Möglichkeiten, dem Häuptling das Leben abzunehmen.

Der Häuptling

Auf dem Weg durch die Prärie kann der Häuptling folgenden Personen aus einem anderen Stamm fangen: Berater, Squaw, Medizinmann und Sklave. Hat er eine dieser Personen gefangen, muss diese Person dem Häuptling ein Leben (Stoffstreifen) geben. Ein Häuptling kann den Häuptling eines anderen Stammes nur besiegen, wenn er seinen Berater dabei hat.

Der Berater

Der Berater versucht entweder gemeinsam mit dem Häuptling einen anderen Häuptling zu fangen oder er kann eine Squaw, einen Medizinmann oder Sklaven ergreifen. Fängt er eine dieser Personen, so erhält er dessen Leben, trifft er auf einen anderen Berater, behält jeder sein Leben.

Die Squaw und der Medizinmann

Die Squaw macht sich auf die Suche nach einem Medizinmann oder einem Sklaven, der Medizinmann auf die Suche nach einem Sklaven. Je ein Leben muss, wie oben erklärt, bei einem Zusammentreffen an den „Stärkeren" abgegeben werden.

Der Sklave

Der Sklave kann eigentlich niemanden fangen, er kann aber von allen gefangen werden (außer von einem anderen Sklaven). Vereinigen sich Medizinmann und Sklave, so können sie auch einem anderen Sklaven ein Leben abnehmen.

Hat ein Indianer eines Stammes ein Leben eines anderen erobert, rennt er sofort zum Indianerhauptlager (dieses befindet sich mitten im Spielfeld und ist von mehreren Leitern besetzt) und gibt dort das eroberte Leben (Stoffstreifen) ab. Auf dem Weg ins Hauptlager darf dem Indianer sein eigenes Leben auf oben beschriebene Weise geraubt werden. Nicht aber das Leben, welches er erobert hat.

Die Leiter, die im Hauptlager sitzen, nehmen die Leben an und sammeln sie. Bei der Abgabe des 3. Lebens (Stoffstreifen) für die gleiche Gruppe erhält der Indianer für seinen Stamm eine Säge.

Bei der Abgabe weiterer drei Leben erhält der Indianer für seinen Stamm eine Raspel, nach weiteren drei eine Feile und nach insgesamt zwölf Leben den Becher mit Farbe (pro Stamm eine Farbe). Für jede Gruppe liegt das gesamte Material bereit.

Mit diesen Werkzeugen können einzelne Indianer, z.B. die kein Leben mehr haben, den Ytongstein bearbeiten (Reihenfolge der Werkzeuge beachten). Aus den Ytongsteinen aller Stämme soll am Ende ein Totem entstehen, deshalb ist es wichtig, dass die Oberfläche der Unter- und Oberseite nicht bearbeitet wird.

Ziel

Der Stamm, der als erster einen bearbeiteten und bemalten Ytongstein zum Indianerhauptlager bringt, hat das Spiel gewonnen. Das Spiel kann ausgedehnt werden, indem die Siegergruppe eine ***SCHATZKARTE*** (▶ ***SIEHE GRUPPENLEITER-ABC***) erhält. Falls kein Stamm das Ziel innerhalb der festgesetzten Zeit von ca. 2 Stunden erreicht, ertönt das ***SIGNAL*** (▶ ***SIEHE GRUPPENLEITER-ABC***).

Hinweise

Vor Beginn wird ein ***NOTSIGNAL*** (▶ ***SIEHE GRUPPENLEITER-ABC***) vereinbart.

Es darf immer nur ein Indianer in Sicherheit im Lager bleiben. In diesem Spiel kommt es sehr auf Schnelligkeit, aber auch auf eine gute Strategie an.

Das Spiel macht Kindern und Jugendlichen sehr viel Spaß. Allerdings kann es manchmal zu Rangeleien kommen. Deshalb sollte man die Regeln klar darstellen. Es ist auch ratsam, dass sich die übrigen Leiter im Indianergebiet verteilen, um Fragen und Probleme klären zu können. Mit der Farbe ist besondere Vorsicht walten zu lassen, da sie aus der Kleidung nicht mehr rausgeht.

Das Totem, das aus den Einzelteilen der verschieden Gruppen entsteht, kann dann z.B. im Hof beim Lagerhaus aufgestellt werden. Etwas Gips zwischen den einzelnen Steinen erhöht die Standfestigkeit.

Abend

Vielleicht gibt es am Abend einen Freudentanz um das Totem mit einem großen Freudenfeuer und einem gemeinsamen Essen. Wenn möglich, kann das Essen über dem offenen Feuer zubereitet werden. Nach dem Essen können über dem noch lodernden Feuer mit Tannenreisig echte „Indianerrauchzeichen“ gemacht werden. Dazu muss es aber noch hell sein.

Das Geheimnis des Planeten ORO-PAX-O

Ort: Räumlichkeit/Gelände ums Haus, Wald und Wiesenstück

Teilnehmer: mind. 15, mind. 4 Leiter

Dauer: Vormittag 1–1,5 Std.
Nachmittag mind. 1 Std.

Das „Geheimnis des Planeten ORO-PAX-O" unterscheidet sich in einem wesentlichen Punkt von den anderen Mottotagen. Bei diesem Aktionstag tauschen Leiter und Teilnehmer die Rollen. Die Teilnehmer sind die Akteure und überlegen sich das Programm für die Leiter am Nachmittag. Die Ideen und Vorstellungen der Kinder sind gefragt. Sie entwickeln ohne Anwesenheit eines Leiters ein Programm. Durch die gemeinsamen Überlegungen und Vorbereitungen lernen sich die Teilnehmer intensiver kennen.

Vormittag

Am Morgen wird beim Frühsport ein adressierter geheimnisvoller Brief (siehe Anlage) entdeckt. Sinnvoll ist es, wenn Kinder und Jugendliche beim Fund des Briefes dabei sind. Der angebliche Fund wirkt so viel realistischer. Der Brief wird ungeöffnet mit ins Lagerhaus genommen. Beim Frühstück wird der Brief, der an das Freizeithaus oder den Campingplatz adressiert ist, vor den Augen der Teilnehmer geöffnet. Der Leiter liest langsam die Zeilen des Briefes vor. Die Leiter nehmen den Brief so ernst, dass sie das angebliche Programm für diesen Tag absagen. Die Teilnehmer sollen sich voll auf die Ankunft der ORO-PAXianer konzentrieren können. Bei älteren Kinder kann es auch vorkommen, dass sie sofort durchschauen, dass es sich um ein Spiel handelt. Falls dies der Fall sein sollte, ist es sinnlos, auf der angeblichen Echtheit des Briefes zu beharren.

Die Mitspieler haben nun die Aufgabe, sich ein geeignetes Ritual zu überlegen, um die ORO-PAXianer zu begrüßen. Die Hauptaufgabe besteht darin, die ORO-PAXianer, die an einer Sprachstörung leiden, zu heilen und ihnen die Sprache der Erdlinge beizubringen. Die ORO-PAXianer können z.B. durch einen Parcours mit mehreren Stationen im Wald, ein Wettspiel oder einen ganz anderen Programmpunkt die Sprache der Erdlinge erlernen. Diese Vorbereitung liegt in den Händen der Erdlinge. Aus meiner Erfahrung können hier die abenteuerlichsten Ideen verwirklicht werden. Benötigtes Material muss zur Verfügung gestellt werden. Die Vorbereitung der Maßnahme sollte den Teilnehmern überlassen werden.

Die Leiter nutzen die Zeit (ca. 1,5 Std.), in der die Erdlinge ihr Programm für die Ankunft der ORO-PAXianer vorbereiten, um in die Rolle der ORO-PAXianer zu schlüpfen. Die ***Verklei-***

***DUNG* (▶ *SIEHE GRUPPENLEITER-ABC*)** sollte schon zuvor gebastelt worden sein. Die Leiter verlassen ungesehen das Lagerhaus und verkleiden sich in verdeckter, aber unmittelbarer Nähe des Hauses. Mindestens ein Leiter muss währenddessen im Haus bleiben, um die Aufsicht zu gewährleisten. Bei der Auswahl der Materialien muss unbedingt auf die Tragfähigkeit über einen ganzen Tag geachtet werden. Ein Müllsack wird im Sommer sehr schnell zur ungewollten und nervenden Sauna.

Wie im Brief geschrieben, wird ein UFO benötigt. Bei der Erstellung des UFO´s sind keine Grenzen gesetzt. Ein Auto läßt sich relativ einfach in ein futuristisches UFO verwandeln. Hierzu öffnet man die Motorhaube, die Türen und den Kofferraumdeckel. Ein großes farbiges Tuch, z.B. ein Fallschirm, wird über das gesamte Auto gespannt. Der Fallschirm muss so befestigt werden, dass das Auto noch rollen kann. Das Auto wird so geschmückt, dass es den Vorstellungen von einem UFO entspricht.

Da die Ankunft des UFOs bekannt gegeben wurde, werden alle Teilnehmer vor dem Haus auf die Ankunft der ORO-PAXianer warten. Mit viel Getöse (Musik, Hupe, Warnblinkanlage ...) rollt das UFO an. ACHTUNG: Dieser Vorschlag kann nicht bei jeder Straßenlage und jedem Verkehrsaufkommen durchgeführt werden. Das UFO hält vor den Augen der Staunenden und die ORO-PAXianer steigen aus. Die Außerirdischen begrüßen die Erdlinge mit ihren eigenen Begrüßungsmethoden (z.B. Fußkontakt). Diese können beliebig erweitert werden. Auch die Gangart der Erdbesucher kann individuell gestaltet werden (z.B. rückwärts gehen oder Hopserschritt). Wichtig ist von Anfang an, dass die ORO-PAXianer auf keinen Fall sprechen.

Es folgt das Mittagessen. Die Essgewohnheiten der Allreisenden sollen sich von den Gewohnheiten der Erdlinge unterscheiden (z.B. mit den Fingern essen, Teller auf dem Kopf ...). Die Erdlinge können versuchen den ORO-PAXianern zu zeigen, wie man auf dem Erdplaneten richtig isst.

Nachmittag

Am Nachmittag steht das Programm der Erdlinge auf der Tagesordnung. Die ORO-PAXianer lassen sich auf die Aufgaben ein. Die Teilnehmer, die die wahre Identität der Fremdlinge längst durchschaut haben, freuen sich, den Leitern einmal Aufgaben stellen zu dürfen. Die ORO-PAXianer reden immer noch nicht. Erst am Ende des Programms entdecken aufgrund der Bewältigung der Aufgaben zuerst Einzelne die Sprache der Erdenbewohner. Nach und nach können sich alle verständigen. Das Ziel ist erreicht: Die Verständigungsschwierigkeiten sind behoben und die ORO-PAXianer können unsere Sprache verstehen.

Abend

Am Abend bietet sich ein großes Freudenfest an. Die Besucher danken den Kindern, überreichen Gastgeschenke und bringen den Erdlingen die Lieder, Tänze und Spiele ihres Heimatplaneten bei. Es kann auch ein typisches ORO-PAX-Ogericht gekocht werden. Die Kinder sollen ebenso typische Elemente unseres Planeten in das Freudenfest einbringen. So entsteht zum Abschluss des Tages ein tolles stimmungsvolles Fest, das man ganz frei nach den eigenen Ideen gestalten kann.

Ein „Erfinderspiel" rundet den interessanten Tag ab. Die Erdlinge bekommen von den Außerirdischen die Aufgabe, ein Flugobjekt zu bauen, welches ein rohes Ei aus einer Höhe von fünf Metern sicher zu Boden bringt. Die Erdlinge werden in gleich große Gruppen eingeteilt. Jede Gruppe erhält das folgendes Baumaterial:

- zwei Luftballons
- 1,5 m Paketschnurr
- 20 cm Klebeband
- eine Schachtel Streichhölzer
- ein DIN A 4 Blatt
- einen Frischhaltebeutel aus Plastik
- ein rohes Ei

Für den Bau des Flugobjekts hat jedes Team 15 Minuten Zeit. Für den Bau dürfen keinerlei weitere Hilfsmittel verwendet werden. Anschließend werden die EFOs (EiFlugObjekte) aus dem Fenster des 2. Stocks geworfen. Die sichersten EFOs werden von den ORO-PAXianern prämiert.

GRULEIPOLA (GRUppenLEIterPOstenLAuf)

Ort: Räumlichkeit/Wald und Wiesengelände

Teilnehmer: mind. 10, mind. 4 Leiter

Dauer: Vormittag 1–1,5 Std. Nachmittag mind. 1 Std.

Auch beim GRULEIPOLA haben die Kinder und Jugendlichen die Aufgabe, ein Programm für die Gruppenleiter auszuarbeiten. Der GRULEIPOLA ist nicht so aufwendig wie der ORO-PAX-O-Tag, d.h es ist nicht notwendig Verkleidungen und andere passende Gegenstände zu erstellen. Da der GRULEIPOLA fast keine Vorbereitung von Seiten der Leiter benötigt, ist er einfach und schnell umzusetzen.

Der GRULEIPOLA kann auch in Gruppenstunden angewendet werden. Der Vormittag und der Nachmittag entsprechen dann je einer Gruppenstunde (je 1–1,5 Std.).

Vormittag

Zu Beginn des Vormittags wird den Teilnehmern der GRULEIPOLA erklärt. Eine kleine Gruppe von älteren Teilnehmern läuft eine Wegstrecke für den GRULEIPOLA ab. Grobe Ortskenntnisse und eine Wanderkarte sind dafür notwendig. Ein Rundweg eignet sich hervorragend.

Die anderen überlegen sich verschiedene Programmpunkte für die einzelnen Stationen auf der Wegstrecke. Die einzelnen Stationen können unabhängig voneinander sein oder unter einem gemeinsamen Motto stehen, z.B. Steinzeit. Es folgen nun einige Beispiele für Stationen:

- Schlage so viele Nägel wie möglich innerhalb von 2 Minuten in einen dicken Holzklotz.
- Baue mit Hilfe von einer Schnur (50 cm) ein Werkzeug aus der Steinzeit.
- Dichte ein Gedicht über das Lager, die Leiter oder die Teilnehmer in der Steinzeit.
- Male auf eine Felswand eine alte Felsenmalerei auf.
- Baue innerhalb von 5 Minuten eine Behausung, die sicher vor dem Angriff eines Bären ist.
- …

Dies sind nur einige wenige Vorschläge, die sich die Teilnehmer überlegen können. Je nach Anzahl der Teilnehmer und der gewünschten Stationen müssen mind. zwei Teilnehmer eine Station übernehmen. Das notwendige Material wird von den Leitern zur Verfügung gestellt.

Nachmittag

Die Teilnehmer gehen den zuvor abgelaufenen oder bekannten Weg entlang. Nach 10 Minuten bauen die Teilnehmer die 1. Station auf. Hierbei müssen die Bedingungen der Umgebung berücksichtigt werden, denn nicht jedes Gelände eignet sich für jede Aufgabe. Die Stationen müssen mit Teilnehmern unterschiedlichen Alters besetzt werden. Auf diese Weise werden die Stationen auf der gesamten Wegstrecke gleichmäßig verteilt. Der Weg wird durch Kreidepfeile oder andere Hinweisschilder klar ausgewiesen.

Die Leiter starten nach ca. 1/2 Std. in Kleingruppen (siehe Gruppeneinteilungsspiele S.101), z.B. 2er-Gruppen. Die Leiterteams werden in Abständen von 10 Minuten losgeschickt. Dadurch wird vermieden, dass mehrere Teams zur gleichen Zeit an einer Station sind. Die Gruppen absolvieren der Reihe nach alle Aufgaben. Jede Gruppe hat einen Stationszettel dabei, auf dem die erzielten Ergebnisse an jeder Station eingetragen werden. Erreicht die letzte Gruppe die erste Station, so gehen nach Beendigung der Aufgabe alle gemeinsam bis zur 2. Station usw. So wird verhindert, dass einzelne Kinder zurückbleiben können.

Nach Beendigung des GRULEIPOLAS werden die Stationszettel ausgewertet und der Sieger ermittelt. Die Siegerehrung wird dann durch die Kinder vorgenommen (▶ ***Punktesystem unter Gruppenleiter-ABC***).

Postenlauf

Ort: Wald und Wiesengelände

Teilnehmer: mind. 10, mind. 5 Leiter

Dauer: mind. 1 Std.

Da die Teilnehmer beim GRULEIPOLA den Leitern meistens schwierigste Aufgaben stellen, haben die Leiter beim Postenlauf die Möglichkeit, den Spieß umzudrehen. Der Aufbau ist wie beim GRULEIPOLA, nur überlegen sich die Leiter verschiedene Stationen. Die Spieler werden in Kleingruppen eingeteilt. Die Leiter machen sich auf den Weg und alle 10 Minuten bleibt ein Leiter zurück und baut seine Station auf. Die Spieler werden von einem Leiter im Abstand von 10 Minuten losgeschickt. Der Weg wurde von den Leitern durch Kreidepfeile gekennzeichnet.

Das Polizeispiel

Ort: größerer Ort oder Stadt

Teilnehmer: mind. 15

Dauer: mind. 1,5 Std.

Das Polizeispiel ist ein spannendes Spiel für Kinder und Jugendliche, da es Realität und Spiel verbindet. Dass das Polizeispiel eigentlich nur ein Spiel ist, merken alle erst am Ende ... Die Spieler werden als Hilfspolizisten eingesetzt, fast wie im echten Krimi.

Kurze Inhaltsbeschreibung

Eine Polizeistreife betritt den Raum, in dem sich die Gruppe gerade aufhält. Mit ernster Miene wird ein von den Leitern zuvor verfasster Text vorgelesen. Drei Jugendliche, die aus der Untersuchungshaftanstalt ausgebrochen sind, werden gesucht. Da Kinder und Jugendliche unauffälliger als Polizeibeamte wirken, bitten die Beamten die Teilnehmer um Mithilfe. Die angeblich ahnungslosen Leiter brechen das angebliche Programm ab, stimmen nach anfänglichem Zögern zu und teilen die Gruppen ein. Jede Gruppe bekommt ein kleines Stadtgebiet von den Polizeibeamten zugewiesen. Die Gruppen ziehen mit je einem Leiter los und tatsächlich, schon nach relativ kurzer Zeit wird in einer Straße ein Jugendlicher entdeckt, auf den die Beschreibung paßt.

Vorbereitungen

Im Vorfeld müssen für dieses Spiel einige Dinge abgesprochen werden. In jedem größeren Ort gibt es ein Polizeirevier. Dies ist der 1. Anlaufpunkt für die Vorbereitung. Die Polizisten werden über den geplanten Ablauf des Polizeispiels in Kenntnis gesetzt. Sicherlich werden die Beamten etwas verwundert sein, aber sie werden den Spaß bestimmt mitmachen. Die Polizisten haben die Aufgabe, zum abgesprochenen Zeitpunkt in das Lagerhaus zu kommen und den zuvor angefertigten Polizeibericht vorzulesen. Dann verlassen die Polizisten die Lagergemeinschaft.

Weiter werden Jugendliche benötigt, die die Entflohenen spielen. Es ist meistens einfach, mehrere fremde Jugendliche zu finden, die den Spaß mitmachen wollen. Das Alter, die Größe, Haarfarbe sowie die Kleidung, die sie beim Spiel tragen werden, müssen bekannt gegeben werden. Diese Daten werden dann für die Personenbeschreibung im Polizeibericht benötigt. Im Vorfeld wird ein Polizeibericht verfaßt (siehe Anlage). Auch ein Stadtplan muss mit den entsprechenden Bezirken markiert und kopiert werden.

Durchführung

Nach dem Besuch der Polizisten und dem Verlesen des Polizeiberichtes begeben sich die eingeteilten Gruppen mit einem Leiter in das zugeteilte Gebiet. Jede Gruppe sucht möglichst unauffällig das Gebiet ab. In jeder Gruppe befindet sich ein Gruppenleiter. Gespannt und immer im Schutz einer Mauer oder eines Baumes macht man sich gemeinsam auf die Suche.

Werden ein oder mehrere Verdächtige entdeckt, so nimmt die Gruppe die verdeckte Verfolgung auf. Es beginnt eine Verfolgung durch die ganze Stadt. Die Verbrecherjagd kann je nach Motivation der Hilfspolizisten bis zu zwei Stunden dauern. Sind sich die Hilfspolizisten einig, so stürmen sie den Verdächtigen und bringen den angeblichen Flüchtigen zum Polizeirevier. Dort wird nach einer „richtigen Verhaftung" das Geheimnis gelüftet.

Die ausgesetzte Belohnung, z.B. in Form von Süßigkeiten, wird dann von allen freudig angenommen. Vor dem Polizeirevier wartet man dann gespannt auf die nächsten Gruppe der Hilfspolizisten mit ihrem Verdächtigen.

Ziel

Die einzelnen Gruppen müssen versuchen, die entflohenen Jugendlichen zu finden und ihnen zu folgen. Sie sollen dabei fest im Glauben sein, dass es sich um einen richtigen Einsatz der Polizei handelt. Welche Gruppe schafft es, sich nicht abhängen zu lassen? Welche Gruppe hat die besten Verbrecherjäger?

Hinweise

Nachdem die Beamten den Raum verlassen haben, kann große Aufregung ausbrechen. Ältere Jugendliche zweifeln gelegentlich die Echtheit des Besuchs der Polizei an. Darauf kann man mit folgenden Äußerungen reagieren: „Ich glaube es ist zu gefährlich, wir nehmen nur die Ältesten von euch mit." Nach derartigen Bemerkungen sind meistens alle davon überzeugt, dass es tatsächlich kein Spiel ist, sondern Realität.

Eher selten bekommen jüngere Teilnehmer Angst, doch durch die Gruppenzuweisung zu einem Leiter verfliegt die Angst im Nu. Die Gruppen werden von einem Leiter eingeteilt, die Gruppeneinteilungsspiele eignen sich hier nicht, da schnell gehandelt werden muss.

Die Spieler sind bei diesem Spiel so im Einsatz versunken, dass sie lange nicht merken, dass alles nur ein Spiel ist. Voller Freude werden die Täter zum Polizeirevier abgeführt. Dort wartet dann die Überraschung.

Der Leiter kann durch Äußerungen über angebliche eigene Angstgefühle die Stimmung hochschrauben. Er kann durch mildernde und Sicherheit gebende Äußerungen eventuell vorhandene Angstzustände abbauen.

Nach dem Spiel kommt es bei allen Spielern zu einem regen Austausch von Erlebnissen und Erfahrungen. Erfahrungsgemäß wird viel gelacht und das Spiel wird als voller Erfolg gewertet. Schade, dass es nicht wiederholt werden kann.

Das Leitersuchspiel

Ort: größerer Ort oder Stadt

Teilnehmer: mind. 10, mind 5 Leiter

Dauer: 1,5–? Std.

Kurze Inhaltsbeschreibung

Die Leiter versuchen, sich so gut wie möglich in einem größeren Dorf oder in einem Stadtteil zu integrieren. Sich zu integrieren bedeutet, sich zu verkleiden und in eine Rolle zu begeben (z.B. Straßenkehrer), die einen als Bürger des Dorfes erscheinen lässt.

Vorbereitungen

Bevor das Leitersuchspiel beginnen kann, müssen Stadtpläne mit dem gekennzeichneten Leitersuchgebiet kopiert werden. Jeder Leiter informiert sich zuvor über die Infrastruktur der Gemeinde/Stadt und sucht sich ein geeignetes Versteck. Dies könnte z.B. ein Geschäft sein. Hier genügt eine kurze Anfrage mit einer Erläuterung des Spiels. Die meisten Händler wundern sich und freuen sich über die kostenlose Hilfe. Mit der entsprechenden Arbeitskleidung wird der Leiter zu einem Mitarbeiter des Ladens. Andere Bereiche wären z.B. Gärtner auf dem Friedhof, Rollstuhlfahrer im Krankenhauspark, Bauarbeiter an einer Straßengrube, Maler an einer Hauswand, Kellner in einer Gaststätte, Oma oder Straßenmusikant in der Fußgängerzone ... Es gibt nur weniges, was nicht möglich wäre. Bedingung ist, dass die Erlaubnis des Eigentümers vorhanden ist und dass der Bereich für die Öffentlichkeit zugänglich ist.

Spielablauf

Die Kinder und Jugendlichen werden in gleich große Gruppen eingeteilt (3er–5er-Gruppen sind sinnvoll; siehe Gruppeneinteilungsspiele S.101). 1/2 Std. nachdem die Leiter losgezogen sind, machen sich die einzelnen Gruppen in kurzen Abständen auf den Weg ins abgegrenzte Gebiet. Die Spieler suchen alle Einrichtungen, Geschäfte und Plätze nach den Leitern ab. Treffen sie auf einen Leiter, so unterschreibt er auf einem Zettel. Manchmal kann es vorkommen, dass ein Leiter aufgrund seiner Verkleidung nicht erkannt wird. Nach ca. 1,5 Std. treffen sich alle wieder an dem zuvor ausgemachten Ort.

Hinweise

Es ist wichtig darauf hinzuweisen, dass die Gruppen zusammenbleiben müssen. Die Entdeckungen dürfen anderen Gruppen nicht mitgeteilt werden. Zu Beginn wird darauf hingewiesen, dass die Leiter sich nur in öffentlich zugänglichen Gebäuden und Plätzen aufhalten werden.

Ziel

Welche Gruppe als Erste alle Leiter gefunden und ihre Unterschriften auf dem Papier stehen hat, ist Sieger des Leitersuchspiels.

Die Spieler lernen so auf eine recht interessante Weise den Ort oder die fremde Stadt kennen. Sie haben gleichzeitig die Möglichkeit etwas einzukaufen oder anzuschauen. Die einzelnen Gruppenmitglieder lernen sich dabei intensiver kennen.

Tagesprojekte für Aktionstage mit einem Motto

Ein etwas anderer Mottotag: „Tage im Dezember"

Mitten im Sommer bricht die kalte Jahreszeit herein? Eine verrückte Idee – oder doch ein interessanter Mottotag für den letzten Tag einer Sommerfreizeit?!

Vormittag

Die Leiter verkünden das Thema des Tages: „Tage im Dezember"; und das bei einer Außentemperatur von 30 Grad!

Materialliste: Musikinstrumente, Weihnachtslieder/Noten, Rythmusinstrumente, farbiges Glanzpapier, Vorlagen, Scheren, Kleber, Watte, Wolle, Stroh, Kerzen, einige Lichterketten, Rezepte für Weihnachtsbrötchen und Punsch, entsprechende Zutaten und Küchengeräte, Feuerwerkskörper, Luftschlangen, Musikanlage, Luftballons ...

Die Gruppe wird in folgende Workshops eingeteilt. Die Gruppen werden nach den Interessen der Teilnehmer gebildet.

Musikgruppe für das Adventskonzert

Diese Gruppe studiert mehrere Weihnachtslieder ein. Die Musikgruppe sollte einen eigenen Raum für die Probe bekommen.

Dekorationsgruppe

Sie sorgt für das richtige winterliche Ambiente. Die Gruppe bastelt Weihnachtssterne, Schneeflocken entstehen aus Watte, Lichterketten werden innen und außen aufgehängt.

Backgruppe

Sie sorgt für das richtige Weihnachtsgebäck. Mit Zimtsternen und Spekulatius kommt die richtige Winterstimmung auf. Der Duft von frisch gebackenen Brötchen füllt die Räumlichkeiten, und das mitten im Sommer. Es kann auch ein heißer Punsch für den Abend gebraut werden.

Sylvestergruppe

Sie dekoriert einen weiteren Raum für die Sylvesterparty. Neben der Dekoration organisiert die Gruppe eine Musikanlage und überlegt sich flotte Tanzspiele.

Nachmittag

Die Namen aller Teilnehmer werden auf je einen kleinen Zettel geschrieben und jeder zieht sich einen Namen. Die Jugendlichen bekommen eine Vielzahl von verschiedenen Materialien und kreieren daraus ein Weihnachtsgeschenk für einen anderen Jugendlichen. Der Name des Beschenkten wurde zuvor per „Los" gezogen. Alle Geschenke kommen in einen großen Sack. Da der Nikolaus sich angekündigt hat, können alle noch ein Lied oder Gedicht üben. Die letzten Vorbereitungen für den großen „Abend im Dezember" werden noch abgeschlossen. Die Leiter schreiben Gedichte oder einfache Texte für den Nikolaus. Witzige Erlebnisse der einzelnen Kinder und Jugendlichen aus der Lagerzeit werden in kurzen Versen notiert.

Abend

Der Abend, der unter dem Motto „ Ein Abend im Dezember" steht, wird in folgende Teile unterteilt:

Besuch des Nikolaus

Der Nikolaus liest die entsprechenden Zeilen über die einzelnen Teilnehmer vor. Vielleicht bekommt der Nikolaus ein Lied oder Gedicht zu hören. Er verteilt anschließend die kleinen Geschenke.

Adventskonzert

Das Orchester lädt zum Adventskonzert bei Kerzenschein ein.

Mitten im Dezember

In der winterlichen Atmosphäre lassen es sich alle gut gehen.

Sylvester

Zum Abschluss des Tages oder auch als Zeichen für das Ende des Lagers, werden Feuerwerksraketen in den Himmel geschossen. Diese Raketen können dann auch das Startzeichen für eine große Sylvesterparty sein. Mit Tanzspielen und guter Musik geht dann der Dezember zu Ende. ACHTUNG: Bei Trockenheit ist es gefährlich, Raketen in den nächtlichen Himmel zu schießen (Brandgefahr!).

Projekte mit einem Thema im Vordergrund

Die Grundlagen

Bei den folgenden Projekten werden aktuelle Themen der Kinder und Jugendlichen bewusst behandelt. Jugendbezogene Themen wie z.B. „Alkohol“ werden aber nicht nur besprochen, sondern die Jugendlichen sollen sich in einer anderen Form mit diesem Thema auseinander setzen. Die Themen werden dadurch aber nicht verharmlost. Aus einem Tagesprojekt können die einzelnen Teile herausgelöst werden und so auf mehrere Einheiten aufgeteilt werden, z.B. Gruppenstunden.

Freizeiten oder Gruppenstunden bieten gute Möglichkeiten über diese etwas ernsteren und schwierigeren Themen zu reden. Die Kinder oder Jugendlichen haben sehr oft das Bedürfnis, dazu Fragen stellen zu können oder ins Gespräch zu kommen. Die Familie und die Schule versuchen ebenfalls mit den Kindern und Jugendlichen über diese Themen zu reden. Die Mitglieder einer Gruppenstunde, die sich schon länger kennen, bieten aus meiner Erfahrung einen besseren Nährboden, damit die Bearbeitung dieser Themen später Früchte tragen kann. Eine dem Thema angepaßte Vorbereitung und eine geeignete Methode sind für ein gutes Projekt notwendig.

Die Aufgabe der Jugendarbeit besteht in meinen Augen nicht nur aus der Gestaltung von Gruppenstunden, Ausflügen, Aktionen und Freizeiten. Die Jugendarbeit hat die Aufgabe, auf die Lebenswelt der Kinder und Jugendlichen einzugehen, z.B. Umgang mit Alkohol. Die Idee zur Gestaltung einer Gruppenstunde mit dem Thema „Alkohol“ entstand aus der folgenden Situation: Meine Jugendlichen, damals zwischen 13 und 14 Jahren alt, tranken Bier vor dem Beginn der Gruppenstunde. Ich war ziemlich verärgert über die Angestellten in den Geschäften, die den Jugendlichen den Alkohol verkauft haben. Dies ist laut Jugendschutzgesetz verboten, doch die Geschäftswelt missachtet dieses Gesetz weitgehend. Um auf diese Problematik aufmerksam zu machen, entwickelten wir gemeinsam das „Alkoholprojekt“.

Nach einiger Zeit habe ich außerdem festgestellt, dass auch das Thema „illegale Drogen“ sehr aktuell ist. Im Kreise Jugendlicher wurde der Gebrauch von Drogen mit einem großen spannenden Geheimnis verbunden. Dies war für mich das Zeichen, genau an diesem Punkt einzusteigen. Ich möchte mit dem „Drogenprojekt“ das angebliche „Geheimnis Droge“ etwas lüften. Das „Drogenprojekt“ ist eine Methode der Drogenprävention (Vorbeugung). Das XY-Spiel stellt einen etwas anderen und ungewöhnlichen Einstieg dar.

Beim Konsum von Alkohol, Nikotin oder anderen Drogen durch Heranwachsende steht die Suche nach der eigenen Person, der Identität im Vordergrund. Da viele Gruppenleiter sich noch selbst auf dieser Suche befinden, ist es für jugendliche Gruppenleiter nicht ganz einfach über diese Themen zu sprechen.

Verschiedene Vorschläge

Das Alkoholprojekt

Ort: Gruppenraum/City

Teilnehmer: mind. 4, max. 15 ab 13 Jahre

Dauer: 3 x ca. 1,5–2 Std.

Materialliste
(2. Einheit): Jugendschutzgesetz, Einkaufsgeld, Papier, Stifte

Das Alkoholprojekt kann aus dem einfachen Interesse des Leiters oder der Jugendlichen, etwas über „Alkohol“ zu erfahren, gestartet werden. Besser ist es, wenn Alkohol bei den Jugendlichen ein wichtiges Thema ist. Bei 13–14-Jährigen beginnt sehr oft das Austesten des Alkohols.

Die Ziele

Die Jugendlichen sollen sich bewusst mit dem Genuss von Alkohol befassen. Sie sollen über das Thema „Alkohol“ ins Gespräch kommen und z.B. die Folgen von Alkoholmissbrauch kennenlernen. Es macht keinen Sinn, Jugendlichen Alkohol zu verbieten. Das Geheimnisvolle wird dadurch nur vergrößert. Jugendliche sollen für sich selber entscheiden können, ob sie Alkohol trinken wollen, und wenn ja wieviel, wann und wo. Alkohol ist ein großes Thema in unserer Gesellschaft und darf deshalb auch nicht tabuisiert werden.

Das Jugendschutzgesetz ist ein unbeachtetes Gesetz. Weder der Handel noch große Teile der Gesellschaft reagieren auf Alkoholmissbrauch durch Jugendliche. Die Geschäftswelt soll durch den „Alkoholtest“ auf die Einhaltung des Jugendschutzgesetzes aufmerksam gemacht werden.

Die Vorbereitungen

Die Jugendlichen erhalten einen Infobrief über das Alkoholprojekt. Darin wird der Ablauf aufgezeigt und die Eltern geben mit ihrer Unterschrift die Einverständniserklärung für die Teilnahme ihres Kindes an diesem Projekt.

Der Ablauf sieht folgendermaßen aus:

1. Einheit Dauer ca. 1–1,5 Std.

Die Jugendlichen sitzen im Kreis auf dem Boden oder um einen Tisch. Es folgt die Erläuterung des Ablaufs. Der Beginn mit einem ***Brainstorming* (► *siehe Gruppenleiter-ABC*)** zum Thema Alkohol soll Grundlage zur Diskussion bieten, Erfahrungen und Meinungen können ausgetauscht werden.

2. Einheit Dauer ca. 2 Std.

Die Jugendlichen machen sich mit dem Gruppenleiter und mehreren Exemplaren des „Jugendschutzgesetzes" auf den Weg zu verschiedenen Supermärkten und Getränkehandlungen in der Umgebung. Der Ablauf ist jedesmal der gleiche.

Vor dem Geschäft wird zusammen ausgemacht, was gekauft werden soll. Bei Jugendlichen unter 16 Jahren reichen Alkoholika unter 12 % Alkoholgehalt. Bei Jugendlichen über 16 Jahren ist auch der Versuch zum Kauf von hochprozentigem Alkohol sinnvoll. 2–3 Jugendliche betreten das Geschäft und gehen mit dem zuvor besprochenem Alkohol und evtl. noch weiteren Gegenständen (Tarnung) an die Kasse. Dort sind zwei Reaktionen des Personals möglich:

1. Die Jugendlichen bezahlen und gehen, da der Verkäufer sie nicht kontrolliert hat.

Mit der „Beute" und dem Kassenzettel sowie einem Exemplar des Jugendschutzgesetzes in der Hand gehen alle zurück zum Verkäufer. Der Test wird vorgestellt. Der Verkäufer wird zur Rede gestellt. Gegebenenfalls ist es sinnvoll, mit dem Filialleiter zu sprechen. Der gekaufte Alkohol wird natürlich wieder zurückgegeben. Das Jugendschutzgesetz darf der Verkäufer behalten.

2. Der Verkäufer kontrolliert die Jugendlichen und verweigert die Alkoholausgabe.

Bei dieser Reaktion sehe ich es als angebracht an, nochmals mit der ganzen Gruppe bei dem Verkäufer zu erscheinen und ihn auf den Test aufmerksam zu machen. Sein Verhalten sollte als vorbildlich bezeichnet werden.

Wie viele Supermärkte/Getränkemärkte kontrolliert werden, entscheidet die Gruppe selbst. Das Ergebnis und die Reaktionen werden nach jedem Besuch schriftlich festgehalten.

3. Einheit

Für die letzte Einheit lädt die Gruppe die örtliche Presse ein. Das Ergebnis wird bekannt gegeben und besprochen. Wie waren die Erwartungen? Was war das für ein Gefühl mit Alkohol an der Kasse zu stehen? Die Gruppe vergleicht zum Schluss die Ergebnisse des „Brainstorming" vom Beginn des Projekts. Gemeinsam kann ein Brief an die Konzernzentralen mit dem Ergebnis aufgesetzt und zugesandt werden.

Hinweise

Der Test kann auch nach einer größeren Zeitspanne in den gleichen Geschäften wiederholt werden.

Erfahrungen

Die Erfahrungen sind sehr positiv. So konnte man verfolgen, dass die Geschäfte nach dem Test beim Verkauf sehr auf das Alter des Käufers achteten. Es wurden Hinweisschilder aufgestellt. Die Konzernzentralen reagierten mit einem Entschuldigungsschreiben sowie mit einem Einkaufsgutschein in beachtlicher Höhe. Passanten und Kunden in den Geschäften äußerten sich positiv über den Test. Auch bei den Jugendlichen hat sich einiges an ihrem Verhalten geändert. Die Jugendlichen erinnern sich sehr gern an das Alkoholprojekt und sie können mit dem Genussmittel „Alkohol“ besser umgehen.

Das Drogenprojekt

1. Einheit:

Das XY-Spiel

Ort: Gruppenraum/Draußen

Teilnehmer: mind. 25 ab 12 Jahren

Dauer: 2,5–3 Std.

Materialliste: ca. 100 Gegenstände, die als „Drogen" dienen, z.B. Bonbons, Luftballons ..., entsprechende Funktionszettel, Spielplan, Spielgeld

Spielvorbereitungen

Auf einem großen Karton wird ein Spielplan wie folgt erstellt:

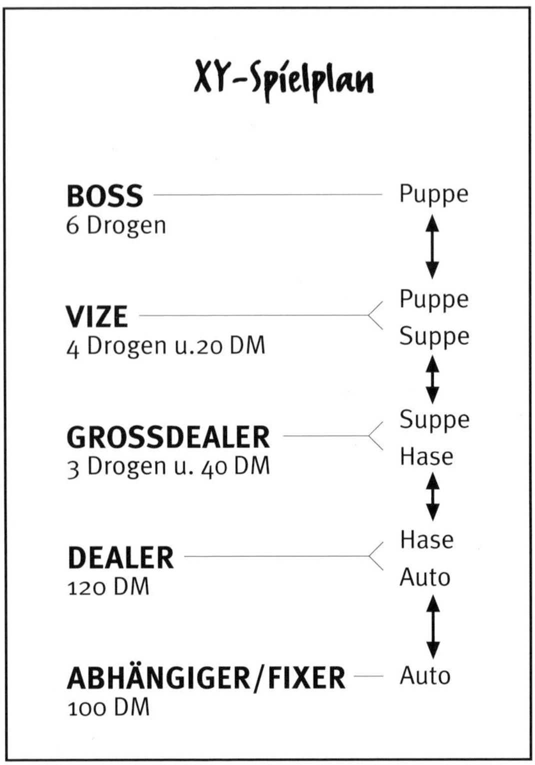

Die Spieler werden in 5er-Gruppen eingeteilt. Ca. 1/3 aller Spieler bilden zusätzlich eine Mannschaft (z.B. 25 Spieler = 3 Mannschaften à 5 Spieler + 1 Mannschaft à 10 Spieler (ca. 1/3)). Die 5er-Gruppen bilden je eine Bande und die 10er-Gruppe die Polizei. Für jede Gruppe werden 5 kleine Notizzettel wie folgt beschrieben:

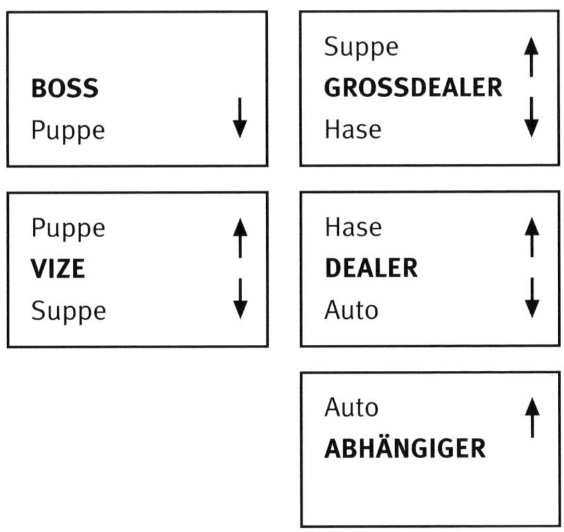

Beispiel

Jede Person aus einer Bande erhält eines dieser Funktionskärtchen. Die Personen der 2. oder 3. Bande erhalten fast die gleichen Karten. Allerdings werden die Kennwörter mit dem gleichen System ausgetauscht (z.B. Auto ➔ Samen; Hase ➔ Telefon usw.). Die Kennwörter müssen, so wie im Spielplan erläutert, in Verbindung stehen.

So gibt es bei drei Gruppen jede Funktion, z.B. BOSS, dreimal. Allerdings hat jeder BOSS ein anderes Kennwort zu seinem VIZE.

Die Polizisten erhalten alle die gleichen Karten:

POLIZIST Blume ↑

Es werden für alle Mitspieler die entsprechenden Funktionskärtchen erstellt. Das Spiel wird anhand des Spielplans für alle deutlich erklärt. Probleme zu Beginn der Erklärungen sind normal. Die Kennwörter für das Beispiel dürfen im Spiel nicht mehr verwendet werden und müssen durch andere ersetzt werden.

Die Funktionskärtchen werden gemischt und die Spieler treten einzeln in einen Raum ein. Jeder Spieler zieht eine Karte, die Funktion der Karte wird eventuell nochmals erläutert. Dann erhält der Spieler Geld und/oder Drogen ausgehändigt. Was auch immer er bekommt, es muss in der Hosentasche verstaut werden. Nach diesem Vorgang haben alle Spieler ihre Funktion und ihre Drogen bzw. Geld erhalten.

Spielablauf

Zu Beginn weiß niemand von den Spielern, wer zu seiner Bande gehört. Die Spieler können über ihr Kennwort die Mitglieder der eigenen Bande herausfinden. Aus meinem Beispiel:

Alle Spieler gehen im Spielfeld umher. Der DEALER sucht seinen GROSSDEALER oder ABHÄNGIGEN. Dazu spricht er einen anderen Spieler mit folgendem Satz an: „Mein Hase ist letzte Woche überfahren worden ...“). Ist der Spieler sein GROSSDEALER, so wird er auf das Wort Hase reagieren und vielleicht Folgendes erwidern: „ Das ist doch alles halb so schlimm, Hasen gehören in den Kochtopf“. So hat der DEALER den GROSSDEALER und umgekehrt gefunden. Über solche Gespräche, in denen das Kennwort enthalten ist, entdeckt jeder Spieler seine Partner. Der DEALER erfährt momentan aber nur, wer sein GROSSDEALER und sein ABHÄNGIGER ist. Das Kennwort für BOSS und VIZE kennt er nicht.

Hat der ABHÄNGIGE seinen DEALER gefunden, so versucht er mit ihm zu dealen. Eine Droge kostet 20DM. Der ABHÄNGIGE braucht die Droge, gibt ihm 20 DM und erhält dafür eine Droge. Diese Droge wird durch den Drogenabhängigen im Drogenbüro abgegeben. Eine Droge ergibt einen Punkt für die Bande. Der Abhängige erhält wieder 20 DM.

Der DEALER kauft mit seinem Geld Drogen beim GROSSDEALER für den ABHÄNGIGEN. Der GROSSDEALER organisiert die Drogen beim VIZE. Der VIZE tauscht das Geld, das er vom GROSSDEALER bekommen hat, gegen Drogen. Der BOSS tauscht das Geld im Drogenbüro wieder in Drogen ein. Auch er bekommt für jede Droge einen Punkt (gleiche Mannschaft). Es können nur BOSS und ABHÄNGIGER Geld bzw. Drogen eintauschen. Aus diesem Grund müssen sie im Drogenbüro ihr Kennwort nennen.

Die POLIZISTEN lernen sich über das Kennwort, z.B. Blume, kennen. Die Aufgabe der POLIZISTEN ist es, sich auf die Gespräche der anderen Spieler einzulassen und das Kennwort zu erahnen. Der andere Spieler denkt, es wäre ein Mitglied seiner Bande und tauscht Drogen gegen Geld (1 Droge = 20 DM). Der POLIZIST geht zum Drogenbüro, sagt sein Geheimwort und tauscht die Droge gegen das Geld und erhält einen Punkt für die Polizei. Jeder Polizist erhält 120 DM als Startkapital.

Das Spielende

Das Ende des Spiels wurde zu Beginn bekannt gegeben. Je nach Anzahl der Gruppen sollte das Spiel ca. 75–90 Minuten dauern.

Das Ziel

Das Ziel der Banden besteht darin, dass sich die Mitglieder einer Bande über die Kennwörter kennen lernen. Das Geld muss vom ABHÄNGIGEN – DEALER – GROSSDEALER – VIZE zum BOSS gelangen. Die Drogen auf umgekehrtem Weg zum ABHÄNGIGEN. Die POLIZISTEN müssen versuchen die Drogen aus dem Verkehr zu ziehen. Wer hat am Ende am Besten gehandelt? Welche Bande hat am meisten Punkte gesammelt? Wer ist der Sieger, die Banden oder die Polizei?

Hinweise

Die absolute Geheimhaltung seiner eigenen Funktion und Gruppenzugehörigkeit ist notwendig. Die Spieler dürfen ihr eigenes Geheimwort nur in einem Satz eingebaut verwenden. Die Gruppe der Polizisten hat in diesem Spiel die schwerste Aufgabe und kann daher auch etwas unterstützt werden.

2. Einheit:

Nach dem Spiel sollte die Überleitung in die Realität folgen. Das Ziel des Spieles ist nicht die Erläuterung oder Einführung in die Handhabung des Dealens. Die Teilnehmer sind wahrscheinlich zum 1. Mal auf diese Weise mit dem Thema „Drogen“ in Kontakt gekommen. Das Spiel stellt den Einstieg in das Thema „Drogen“ dar. Fragen sind durch das Spiel aufgekommen. Um diese Fragen richtig und gut beantworten zu können, ist es notwendig, sich umfassend zu informieren. Dies geht am besten mit einem Drogenberater, Ansprechpartner sind die Polizei oder die nächste Drogenberatungsstelle. Drogenberater kommen unentgeltlich und gerne in die Gruppe, um die Fragen der Jugendlichen zu beantworten. Neben der Beantwortung von Fragen versucht der Berater das angebliche Geheimnis „Droge“ zu lüften. Dazu bringen die Drogenberater in den meisten Fällen Anschauungsmaterial, Aufkleber und Broschüren mit. Diese thematische Weiterleitung kann auch am Folgetag stattfinden. Die Jugendlichen sollen auf jeden Fall über diese Weiterleitung vor Beginn des Spiels informiert werden.

Erfahrungen

Ich habe bei mehreren derartigen Veranstaltungen einen sehr großen Wissensdurst bei Jugendlichen wahrgenommen. Es entsteht ein geschützter Raum, wo alle Fragen gestellt werden können. Eine derartige Veranstaltung verhindert sicherlich nicht bei allen Teilnehmern, dass sie irgendwann vielleicht zu Drogen greifen werden. Die Jugendlichen haben aber erfahren, welche Konsequenzen, Gefahren und Probleme sich daraus ergeben können. Wiederum liegt die Entscheidung über den Konsum von Drogen in der Hand jedes Einzelnen. Auch schon mit 12 Jahren ist dieses Thema sehr aktuell.

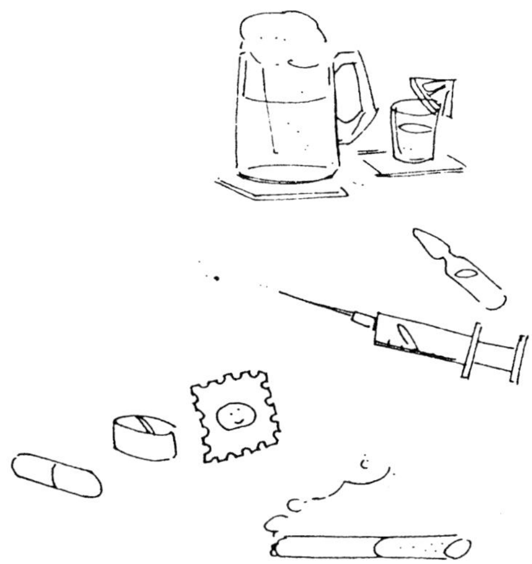

Wasser, Feuer, Luft und Erde –
das Projekt der vier Elemente

Ort: Gruppenraum/Draußen

Teilnehmer: offen

Dauer: je nach dem Angebot

Die vier Elemente beschäftigen und begeistern Kinder und Jugendliche seit jeher. Das folgende Projekt kann in vier Bereiche aufgeteilt werden. Jeder Bereich kann einen oder mehrere Teile beinhalten und an verschiedenen Tagen durchgeführt werden (z.B. in einer Gruppenstunde) oder auch komplett an einem Aktionstag parallel zueinander angeboten werden. Die unterschiedlichen Einheiten bauen nicht aufeinander auf und können auch einzeln eingesetzt werden.

Wasser

Kläranlage

Material: Joghurtbecher, Schere, verschiedene Naturmaterialien

Die Kinder sollen anhand einer kleinen Kläranlage die natürliche Reinigung des Wassers kennen lernen. Was passiert mit verschmutztem Wasser, das in den Boden versickert? Hierzu werden mit den Kindern die unterschiedlichen Schichten der Erdoberfläche durchgesprochen. Diese Schichten werden einzeln in Joghurtbechern symbolisiert. Zuvor werden die Joghurtbecher mit einem kleinen Loch versehen. Die einzelnen Joghurtbecher werden mit kleinen Stäbchen aufeinander gestapelt.

1. Joghurtbecher: Grasnarbe mit Erde (Wurzeln)
2. Joghurtbecher: Torf, Humus
3. Joghurtbecher: Erde
4. Joghurtbecher: feiner Kies
5. Joghurtbecher: grober Kies
6. Joghurtbecher: kleine Steine
7. Joghurtbecher: größere Steine

In den obersten Becher werden verschiedene schmutzige Flüssigkeiten eingefüllt. Die Flüssigkeiten durchlaufen alle Becher. Das Wasser, das unten aus dem letzten Becher herausläuft, kann mit dem Wasser, das oben eingefüllt wurde, verglichen werden.

Picasso

Material: große Papierwand, Wasserfarben, Pinsel

Die Kinder rühren mit Wasser die Wasserfarben an und malen auf einer großen Wand, die mit Papier bedeckt ist, alles was ihnen gerade einfällt. Zur Auswahl stehen Pinsel, Schwämme und Hände.

Feuerwehraktionen

Material: verschiedene Geräte der Feuerwehr, Hydrant

Feuerwehr und Polizei spielen bei den meisten Kindern, Jugendlichen und Erwachsenen eine große Rolle. Sie verkörpern große Spannung und Aufregung. Die örtliche Feuerwehr ist sicherlich bereit, ein Projekt zum Thema Wasser zu unterstützen. Wasser spielt bei der Arbeit der Feuerwehr eine wichtige Rolle. Die Feuerwehrleute betreiben gleichzeitig Öffentlichkeitsarbeit und Mitgliederwerbung.

Die Feuerwehr kann z.B. mit Blaulicht und Martinshorn auf das Gelände des Projekts fahren. Sie erklären je nach Alter und Interesse der Kinder die unterschiedlichen Funktionen der Geräte im Feuerwehrauto (z.B. Pumpen, Rohre ...). Bei sommerlichen Temperaturen dürfen die Kinder unter Anleitung eines Feuerwehrmanns ein Strahlrohr halten oder das Blaulicht und Martinshorn an- und ausschalten. Größere Feuerwehren haben ein Lüftgerät, mit dem man einen feinen Wassernebel erzeugen kann. Genau die richtige Abwechslung für einen heißen Sommertag.

Styroporboote bauen

(siehe Workshops, Seite 58)

Wasserspiele

(siehe Mannschaftsspiele, Seite 69)

Feuer

Feuerquelle

Material: trockener dünner Holzstab, trockenes Brett

Der trockene Stab wird zwischen den Händen mit der Spitze in einem trockenen Stück Holz gedreht. Der Stab muss so schnell gedreht werden, dass die Reibungsenergie das Holz oder die Holzspäne entfachen kann. Bevor diese Art des Feuermachens mit Kindern ausprobiert wird, empfiehlt es sich, es zuvor selbst auszuprobieren.

Löschversuch

Material: Kartonhaus, evtl. mit etwas Stroh gefüllt, Streichhölzer, Löschgeräte der Feuerwehr

Das Kartonhaus wird entflammt und die Kinder haben die Aufgabe, mit einer Kübelspritze der Feuerwehr oder mit einer anderen Spritze, die mit der Hand bedient werden kann, den Brand zu löschen.

Auch der Umgang mit einem Feuerlöscher kann durch einen Feuerwehrmann gezeigt werden. Im Anschluss an derartige Feuerexperimente bietet es sich an, die Kinder oder Jugendlichen über die Gefahren des Feuers zu informieren und evtl. Brandschutzmaßnahmen durchzuführen.

Grillen über dem offenen Feuer

Material: Steine, Haselnussstöcke, Hefeteig, Grillgut

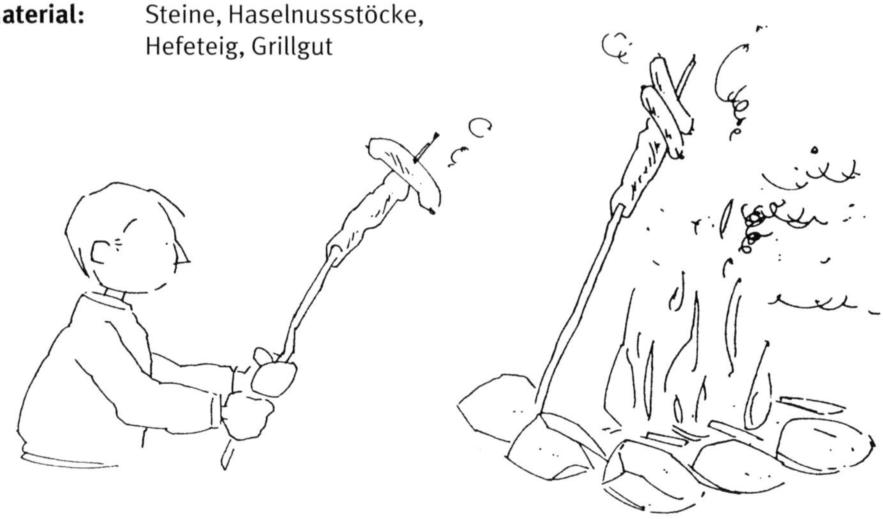

Gerade zum Abschluss eines Tages oder des gesamten „Vier Elementeprojektes“ bietet sich ein gemütlicher Grillabend an. Die Grillstelle wird gemeinsam mit den Kindern gebaut (z.B. eine Einfassung aus Steinen, Sitzgelegenheiten). Falls sich Haselnusssträucher in der näheren Umgebung befinden, können sich die Kinder einen ca. 2 m langen Stock für das Stockbrot organisieren. Die Spitze wie auch die ersten 20 cm des Stocks werden von der Rinde getrennt. Das Stockbrot, ein ganz normaler Hefeteig, wird dünn um das freie Stück des Stocks gewickelt. Auf die Spitze kann noch eine Wurst gesteckt werden. Beim Backen von Stockbrot ist darauf zu achten, dass das Stockbrot auf keinem Fall in direkte Flammen gehalten wird, denn das Brot verbrennt sehr schnell. Sobald sich das Brot vom Stock löst, ist es fertig gebacken.

Luft

Die Luft ist für uns Menschen etwas ganz Normales und Selbstverständliches. Doch gerade die Luft ist das wichtigste Element für uns Menschen. Aus diesem Grund finde ich es besonders spannend, das Element „Luft“ genauer unter die Lupe zu nehmen.

Luft anhalten

Material: –

Die Kinder und Jugendlichen haben die Aufgabe, die Luft so lange anzuhalten, wie es nur geht. Sehr schnell wird den Kindern bewusst, dass die Zeit des Luftanhaltens sehr kurz und begrenzt ist. Die Kinder sollen sich anschließend auf die Erde legen und tief ein- und ausatmen. Sie sollen den eigenen Atem spüren, indem sie die Hand in ca. 1 cm Entfernung vor den Mund halten. Diese Atemübungen können beliebig erweitert werden.

Geisterkarten

Material: Spielkarten

Spieler: mind. 10, max. unbegrenzt

Die Teilnehmer werden in zwei oder mehr gleich große Mannschaften eingeteilt. Die Spieler einer Mannschaft stellen sich in einer Reihe auf. Der erste Spieler jeder Mannschaft nimmt eine Spielkarte vor den Mund und saugt sie an. Sobald der Spieler die Karte angesaugt hat, übergibt er dem Zweiten die Karte, indem dieser sie mit dem Mund berührt und ebenfalls ansaugt. Die Mannschaft, die als Erste die Karte „durchgesaugt“ hat, hat gewonnen. Fliegt die Karte auf den Boden, so muss von vorne begonnen werden.

Windkanal

Material: Lüfter und andere Materialien der Feuerwehr

Auch beim Element „Wind“ kann die Feuerwehr wertvolle Dienste leisten. Mit einem Drucklüfter, wie er auch zum Aufbau des Wassernebels verwendet wird, kann ganz einfach ein Windkanal aufgebaut werden. Dazu wird der Lüfter aufgestellt und evtl. eine seitliche Abgrenzung aufgebaut. Die Kinder können nun gegen den Wind ankämpfen. Wer kommt gegen den starken Wind an?

Bau von Flugobjekten

Material: siehe Literatur

Papierflieger, Holzgleiter, Drachen oder Bumerangs: Alle können von Kindern und Jugendlichen gebastelt werden. Welcher Papierflieger fliegt am Besten? Genaue Bastelanleitungen können der Fachliteratur entnommen werden (siehe Literaturtipps).

Erde

Eine Schaufel Erde

Material: Spaten

Mit einem Spaten wird möglichst fruchtbare Erde (z.B. Humus oder Komposterde) ausgegraben und auf einen Tisch mit einer hellen Oberfläche gelegt. Die Kinder können nun nacheinander mit den Fingern oder einer Gabel die Erde und die Vielzahl von Lebewesen untersuchen. Wer kennt welche Lebewesen? Die Forscher werden verdutzt sein, wie viele Lebewesen sich in einem so kleinen Stückchen Erde befinden.

Wasserkanal

Material: Lehm/Ton, Wasser

Die Tonklumpen werden auf dem Boden auf eine Plane gelegt. Die Kinder haben nun die Möglichkeit, den anfangs harten Ton mit den Händen zu bearbeiten. Der Ton wird wärmer und geschmeidiger. Jetzt kommt Wasser ins Spiel. Das Wasser läuft durch die Höhlen und Bahnen, die die Kinder in den Ton geformt haben. Es entsteht ein phantastisches Wasserspiel. Auf Wunsch der Kinder können auch die Füße mit einbezogen werden. Wie fühlt sich der feuchte Ton an den Füßen an?

Blumentopf bemalen & bepflanzen

(siehe Workshops, Seite 58)

Das Fernsehprojekt

Ort: Gruppenraum/ Draußen

Teilnehmer: offen ab 10 Jahren

Dauer: 4 Einheiten von unterschiedlicher Dauer

Wer kennt es nicht: An der Haustüre klingelt ein Freund, während gerade meine Lieblingsserie über die Mattscheibe flimmert. Die Tür wird geöffnet und so schnell wie möglich wieder verschlossen. Es gibt für viele Menschen nichts Unangenehmeres, als beim Fernsehen gestört zu werden. Welche Rolle und Funktion nimmt das Fernsehgerät in unserer Gesellschaft ein?

Über das Thema „ Fernsehen“ lohnt es sich zu diskutieren und sich darüber auszutauschen. Das nun folgende Fernsehprojekt gliedert sich in vier zusammenhänge Einheiten.

Die Einheiten können zeitlich versetzt, z.B. in der wöchentlichen Gruppenstunde, oder aber an einem Tag aneinander gereiht durchgeführt werden. Falls das Projekt „Fernsehen“ über einen Zeitraum von bis zu vier Wochen ausgedehnt wird, kann das Projekt noch verstärkt werden. Die Teilnehmer sollen das Projekt zu Hause erklären und bei ihren Eltern um Erlaubnis fragen, den Fernseher der Familie für die Dauer des Projekts im Gemeindehaus einzuschließen. So befindet sich in dieser Zeit kein Fernseher im Haus. Dies ist aber eine freiwillige Aktion und für die Teilnahme am Projekt nicht unbedingt notwendig. Vielleicht ergibt sich auch die Möglichkeit, die Eltern in mehrere Einheiten mit einzubeziehen.

1. Einheit:

Virus

Material: Papier, Stifte

Die Teilnehmer werden in Gruppen à 7–10 Teilnehmer eingeteilt. Jede Gruppe setzt sich in einem eigenen Raum gemütlich um einen Tisch. In jeder Gruppe befindet sich ein Leiter, der zu Beginn folgenden Text vorliest:

„Vor gar nicht allzu langer Zeit lebten auf einem fernen Planeten aufrecht gehende Lebewesen. Diese Lebewesen waren kleiner als die Bewohner eines Nachbarplaneten, doch waren sie sehr intelligent. Neben der Intelligenz hatten diese Lebewesen noch viele weitere gute Eigenschaften. Sie waren kreativ, sportlich und hatten viel Humor. Den ganzen Tag über dachten sie sich Spiele aus und bastelten Gegenstände mit denen sie Sport machen konnten oder einfach Spaß hatten. Abends wurden Geschichten und Erlebnisse erzählt. So sah das Leben der „Horbies“ aus. Ja, „Horbies“, so hießen diese Lebewesen vom Planeten „Horbra“.

Eines Tages erfand ein sehr schlauer „Horbie" ein Gerät, das die „Horbies" von nun an in ihrer Freizeit begleiten sollte. Das Gerät nannten sie Fernseher. Viele „Horbies" lehnten dieses neue Gerät anfänglich ab, doch nach und nach merkten sie, dass man vor einem Fernseher bequem seine Freizeit verbringen kann. So kam es, dass immer mehr „Horbies" sich schon nachmittags lieber vor den Fernseher setzten, anstatt wie früher mit Freunden und anderen „Horbies" zu spielen oder etwas Abenteuerliches zu unternehmen. Die Straßen, Plätze und Wiesen wurden leerer, sogar der Platz mit den hohen Bäumen, auf denen die Kinder immer Robin Hood gespielt hatten, blieb leer. Kein Lachen war mehr zu hören, es wurde ruhig auf dem Planeten „Horbra".

Es verging einige Zeit und mancher Bewohner von „Horbra" dachte an die Zeit zurück, in der alle miteinander draußen waren. Der Fernseher stahl im Laufe der Zeit den Bewohner von „Horbra" die Phantasie, die Kreativität und die Lust etwas mit anderen zu unternehmen. Die „Horbies" wurden immer trauriger und trauriger.

Eines Tages, als die Dunkelheit hereinbrach, erreichte eine Sternschnuppe eines weit entfernten Sterns den Planeten und brachte einen gefährlichen Virus mit sich. Der Virus machte sich sofort auf dem ganzen Planeten bemerkbar, denn die Fernseher ließen sich nicht mehr anschalten ..."

Nach dieser Geschichte teilt der Leiter jedem Kind ein Blatt aus und legt bunte Stifte aus. Er erklärt den Kinder, dass dieser Virus auch auf unserem Planeten alle Fernseher zum Ruhen bringen kann. Die Kinder sollen sich nun vorstellen, was sich in ihrem Leben (Alltag) verändern würde, wenn es auf einen Schlag keinen funktionierenden Fernseher mehr geben würde. Dazu malen sie einen großen Fernseher auf das Blatt. In diesen Fernseher schreiben oder malen sie alle Veränderungen hinein.

Nach ca. 15 Minuten stellt der Spielleiter oder ein Teilnehmer seinen „Fernseher" vor. Was hätte es für Folgen, wenn es kein „Fernsehen" mehr gäbe? Dabei kann auch eine Diskussion entstehen. Wichtig ist für den Leiter, dass er nicht den „Zeigefinger über den Fernseher erhebt" oder den Moralapostel spielt. Es geht lediglich um einen Austausch und um das Nachdenken über „Fernsehen".

Die Teilnehmer erklären nach und nach ihren persönlichen Fernseher. Wichtig ist, dass es keine Wertung über die Aussagen der Teilnehmer gibt. Die Zettel mit den „Fernsehern" werden in der 5. Einheit nochmals benötigt.

2. Einheit

Material: Je nach Auswahl der Spiele sind verschiedene Materialien notwendig

In dieser Einheit werden bekannte TV–Spielshows nachgespielt. Wie viele verschiedene TV-Shows gespielt werden, liegt im Ermessen des Leiters (siehe Große Fernsehshows zun

Nachspielen, Seite 70). Für die Begriffe werden „Werbemelodien“ oder „Titelmelodien“ von TV-Serien ausgesucht.

3. + 4. Einheit

Material: Brettspiele jeglicher Art, evtl. Getränke und Knabberzeug

Oftmals wird der Fernseher einem gemütlichen Brettspieleabend in der Familie oder mit Freunden vorgezogen. Auch in der Gruppenstunde wird ein Video zur Gestaltung oftmals bevorzugt. Kreisspiele können Kinder und Jugendliche vielleicht auch nach einer anfänglichen Unlust immer wieder aufs Neue begeistern.

In der 3. Einheit bietet es sich an, ganz verschiedene Brettspiele zur Auswahl zu stellen. Knobelspiele, Streichholzspiele, Kartenspiele, Strategiespiele, Konzentrationsspiele und viele andere Spiele können bei einem guten Spielwarenhändler zur Probe ausgeliehen werden. Für den Händler ist dies gleichzeitig eine Werbeveranstaltung. Ist kein Händler dazu bereit, so kann eine breite Vielfalt von verschiedenen Spielen bei Freunden und Bekannten zusammengesucht werden.

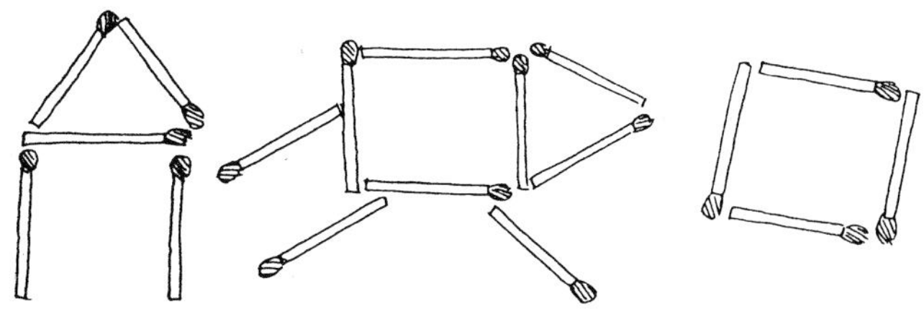

In der 4. Einheit wird der Schwerpunkt auf verschiedenartige Kreisspiele gelegt.

Auch ein ausgeprägtes Ausflugsprogramm der besonderen Art könnte eine Einheit ersetzen oder erweitern. Bei den Ausflügen kommt es nicht auf spektakuläre Ziele, wie z.B. Vergnügungsparks, an. Eine Wanderung durch einen Wald, eine Schlauchbootfahrt auf einem Fluss oder eine Radtour mit Halt an einer Grillstelle können als attraktive Alternativen gehandelt werden.

5. Einheit

Material: „Fernseher“ aus der 1. Einheit

In der 5. Einheit werden alle Teilnehmer, die am Projekt beteiligt waren, zu einer Abschlussreflexion und Rückgabe der Fernsehgeräte eingeladen. Jeder Teilnehmer nimmt das Papier mit dem aufgemalten Fernseher aus der 1. Einheit zur Hand.

- Traten die Befürchtungen beim Verlust des Fernsehens ein?
- Haben sich vielleicht Wünsche erfüllt, die mit einem Fernseher im Haus nicht möglich gewesen wären?
- Wie erging es mir in der Zeit ohne Fernseher?
- Wie ging es meiner Familie ohne Fernseher?

Spielprojekte

Die Grundlagen

Ein Spielprojekt kann man mit einem herkömmlichen Spielplatz vergleichen. Spielplätze bieten Kindern Möglichkeiten, ihre Freizeit zu gestalten. Oft genügt der eigene kleine Garten oder die viel befahrene Straße als Lebensraum für Kinder nicht aus. Ein Spielplatz bietet Platz und die Möglichkeit Dinge zu tun, die im eigenen Garten nicht durchführbar sind.

In der Regel befindet sich ein Spielplatz in dicht besiedelten Wohngebieten mit vielen Kindern. Gerade in Stadtgebieten mit wenig Freiraum, sozial schwachen Familien und mit einem hohen Anteil an ausländischen Bewohnern ist ein Spielplatz von großer Notwendigkeit. Der Aufbau eines Spielplatzes kann sehr unterschiedlich sein, doch in einem Punkt sind alle gleich. Ein Spielplatz sollte verschiedene Elemente vereinen. So sind neben den bekannten Spielgeräten wie Schaukel und Kletterturm auch Hügel, Büsche und Bäume von großer Wichtigkeit. Durch diese verschiedenen Bereiche werden die unterschiedlichen Bedürfnisse der Kinder angesprochen.

Die Merkmale eines Spielplatzes lassen sich in den Grundzügen auf ein Spielprojekt übertragen. So wie ein Spielplatz in einem dicht besiedelten kinderreichen Gebiet gebaut wird, so ist es auch sinnvoll, ein Spielprojekt dort zu organisieren und durchzuführen, wo es wenig Angebote für eine oder mehrere Altersgruppen gibt. Hochhaussiedlungen, Wohnsiedlungen mit einem hohen Verkehrsaufkommen, Stadtteile mit einer sozial schwachen Bevölkerung, Gebiete mit hohem Ausländeranteil stellen dann automatisch auch die Zielgruppe dar.

Medien wie Fernsehen, Videospiele oder Internet sind meiner Ansicht nach einseitige Möglichkeiten die Freizeit zu gestalten. Gemeinschaft geht dabei in den meisten Fällen unter. Der Ansporn für Aktivitäten in der Natur, der intensive Kontakt zu anderen Altersgenossen und sich auf etwas Neues einzulassen, fehlt leider immer öfter. Gerade bei einer solchen Ausgangslage bietet sich ein Spielprojekt an. Wie beim Aufbau eines Spielplatzes wird bei der Organisation eines Spielprojektes auf die unterschiedlichen Bedürfnisse der Zielgruppe geachtet. So haben Kinder aus der Stadt eher das Bedürfnis etwas in der Natur zu unternehmen, als Kinder aus ländlichen Gebieten.

Die Ziele

Spielprojekte sollen die Kinder und Jugendlichen mit einem attraktiven Angebot ansprechen und begeistern. Kooperations-, Kommunikations- und Konfliktfähigkeit usw. stehen als Ziele bei allen Spielprojekten im Vordergrund. Spaß zu haben und Gemeinschaft zu spüren umschreiben die Ziele eines Spielprojektes kurz und knapp.

Es soll Kindern und Jugendlichen ermöglicht werden, ungezwungen ihre Kreativität entfalten zu können. Kreative Workshops bieten sich hier an. Die eigenen Kräfte und Fähigkeiten sollen nicht in Schlägereien und Mutproben unter Beweis gestellt werden, sondern zum Beispiel in sportlichen Aktionen ausgedrückt werden können.

Spielprojekte haben folgende wichtige Merkmale:

- Freiwilligkeit der Teilnahme bei allen Angeboten
- Verweildauer bei einem Angebot steht jedem frei
- Möglichkeiten für eine breite Altersgruppe
- Angebote unterschiedlichster Art
- Anmeldung vor Beginn nur bei bestimmten Projekten notwendig

Planung eines Spielprojektes

Das Vorbereitungsteam

Ein Einzelner kann kein erfolgreiches Spielprojekt vorbereiten und durchführen. Je nach Größe und Umfang der geplanten Aktivität ist eine entsprechende Größe des Vorbereitungsteams notwendig. Neben Schulklassen in den höheren Stufen, die z.B. im Fach „Erlebnispädagogik" das Gelernte in die Praxis umsetzen wollen, können auch mehrere Leiter aus der Jugendarbeit sich im Vorbereitungsteam zusammenschließen. Die wichtigste Grundlage für das Gelingen eines Spielprojektes ist das Engagement und die Freiwilligkeit der Mitarbeiter. Nur wer Spaß an der Arbeit hat, baut sich die Basis für eine gute und erfolgreiche Arbeit auf. Umso vielseitiger die Interessen und Fähigkeiten der einzelnen Leiter sind, desto größer ist die Wahrscheinlichkeit, viele verschiedene Bereiche mit gezielten Angeboten abdecken zu können.

Ein wichtiger Bestandteil in einem Vorbereitungsteam ist der Projektleiter, der den Ablauf der Vorbereitung leitet. Er achtet darauf, dass bei Diskussionen nicht vom Thema abgewichen wird oder kümmert sich um den Ort und Zeitpunkt des nächsten Vorbereitungstreffens. Er ist zugleich Kontaktperson für die Öffentlichkeit.

Die Zielgruppe

Hat sich ein Vorbereitungsteam gefunden, so kann zunächst überlegt werden, wo das Spielprojekt stattfinden soll. Hierfür gibt es mehrere Möglichkeiten:

- Das Projekt wird in einem Stadtteil oder einem Wohngebiet durchgeführt. Das heißt, dass das Angebot in die Lebenswelt der Kinder und Jugendlichen gebracht wird. Das Spielprojekt spielt sich dann in der gewohnten Umgebung der Zielgruppe ab. Die Kinder und Jugendlichen aus dem entsprechenden Stadtgebiet müssen nicht in ein für sie fremdes Stadtgebiet gehen. Ein Nachteil ist, dass jegliches Material an den entsprechenden Ort transportiert werden muss. Als Veranstaltungsort eignen sich zentrale Orte wie z.B. Schulhöfe, öffentliche Plätze oder Grünflächen.

  Diese Möglichkeit bietet sich für folgende Wohngebiete an: Soziale Brennpunkte (Wohnsiedlungen mit hoher Arbeitslosigkeit, hohem Ausländeranteil, wenig Einrichtungen, Plätzen für die Freizeitgestaltung), Wohnsiedlungen mit wenig Grünfläche, z.B. in Hochhaussiedlungen, Plattenbausiedlungen.

- Das Projekt wird z.B. auf der Wiese am Gemeindehaus der Vorbereitungsgruppe oder im Schulhof der entsprechenden Schule angeboten. Die angesprochenen Kinder und Jugendlichen kommen zu diesem Ort. Die Zielgruppe lernt dadurch eine andere Gegend kennen. Das Material muss nicht weit transportiert werden. Für das Vorbereitungsteam kann dies eine Erleichterung darstellen. Die Kinder und Jugendlichen (Zielgruppe) sind dann z.B. die Schüler dieser Schule oder Besucher der Einrichtung.

- Die Angebote des Projektes verlangen eine bestimmte Voraussetzung, z.B. ein Waldstück mit einem Fluß. In diesem Fall findet die Aktivität weder in der gewohnten Umgebung der Zielgruppe noch im Schulhof oder am Gemeindezentrum statt. In der näheren Umgebung wird ein Gebiet herausgesucht, das den Ansprüchen des geplanten Projektes sowie den Erwartungen der Zielgruppe entspricht. Der große Vorteil dieser Möglichkeit ist, dass alle Beteiligten sich in der freien Natur aufhalten.

Diese Möglichkeit würde sich anbieten, wenn die Zielgruppe z.B. aus einer dichtbesiedelten Wohngegend mit wenig Grünflächen angesprochen werden soll. Der Lebensraum Natur kann neu und durch die entsprechenden Angebote intensiv entdeckt werden.

Die Motivation der Kinder und Jugendlichen ist erfahrungsgemäß in der Regel für ein Projekt in einem derartigen Gelände geringer, da das Projekt nicht direkt in der unmittelbaren Nachbarschaft stattfindet. Auch der Aufwand für die Vorbereitungsgruppe ist relativ groß, da das Gelände vielleicht nicht befahrbar ist und kein Strom vorhanden ist.

- Ein Projekt kann auch ganz gezielt auf einen bestimmten Personenkreis gerichtet sein. So erlebte ich in meiner Kindheit einige Ministrantentage für Ministranten aus dem ganzen Dekanat. Die hier angesprochene Zielgruppe hat immer eine gemeinsame Komponente, z.B. das Ministrieren oder das Fußballspielen im Verein etc. Die Gemeinsamkeit kann aber auch offener gefasst werden, z.B. Kinder und Jugendliche, die sich für die Umwelt interessieren. Bei derartigen Angeboten ist es sinnvoll, das offene Projekt in ein „Projekt mit Anmeldung“ umzuwandeln.

Bei allen Möglichkeiten ist es notwendig, eine Alternative bei nicht geeigneter Witterung anzubieten. Hierfür gibt es zwei Lösungsmöglichkeiten:

- Ausweichtermin, bei z.B. Regen verschiebt sich der Termin um eine Woche.
- Das Programm wird in einer überdachten Räumlichkeit durchgeführt.

Das Alter der Zielgruppe

Das Vorbereitungsteam hat die Zielgruppe und den passenden Veranstaltungsort ausgewählt. Bei offenen Angeboten ist es üblich, das Alter nicht zu begrenzen. Ein Spielprojekt bietet sich, je nach Auswahl des Programms, in der Regel für Kinder und Jugendliche ab 6 Jahren an. Bei der Auswahl der Angebote ist es dann aber notwendig, dass es Angebote gibt, die für alle angesprochenen Altersgruppen reizvoll sind. Je nach den Ansprüchen, die das Angebot an die Teilnehmer stellt, ist es sinnvoll, das Alter nach unten oder oben zu begrenzen. Die Zielgruppe wird eingeschränkt, dadurch kann das Angebot ganz speziell auf diese Altersgruppe ausgerichtet werden.

Die Ziele des Spielprojektes

Die Ziele des Spielprojektes sind mit der Zielgruppe direkt verbunden. Erst, nachdem das Team sich überlegt hat, welche Kinder und Jugendliche sie mit dem Projekt ansprechen möchten, können sie sich Gedanken über die Inhalte des Projektes machen.

Es stellt sich dabei immer die Frage: „Was möchte ich mit diesem Angebot erreichen?“ Möchte ich z.B. Kinder aus einem Innenstadtteil mit der Natur in Verbindung bringen? Aus diesen Überlegungen heraus werden die Inhalte entwickelt. Die Bedürfnisse der Zielgruppe spielen hier eine große Rolle. So haben z.B. Kinder aus einer ländlichen Umgebung wenig Bedürfnis nach einem „Projekt Bauernhof“. Hingegen kann das ein sehr interessantes Thema für Kinder aus einer größeren Stadt sein.

Finanzen und Sponsoring

Viele Ideen lassen sich nur mit Hilfe von finanziellen Mittel ermöglichen. Deshalb ist es schon zu Beginn wichtig, die Möglichkeiten der Finanzierung abzuklären. In den seltensten Fällen ist genügend Geld für die Beschaffung der benötigten Materialien vorhanden.

Nicht nur in der Wirtschaft und beim Sport ist Sponsoring möglich. In der Jugendarbeit werden diese Mittel zur Mitfinanzierung eines Projektes eingesetzt. Benötigte Materialien wie z.B. Stoffe, Papier, Plastikfolien usw. können beim jeweiligen produzierenden Gewerbe erbeten werden. Der Leiter stellt die Vorbereitungsgruppe und das Projekt so genau wie möglich vor und versucht die Betriebe zu motivieren, mit ihren Möglichkeiten das Projekt zu unterstützen. Auch eine direkte finanzielle Unterstützung ist oftmals von Banken, Versicherungen und größeren Betrieben möglich. Aufgrund der schlechten Wirtschaftslage sparen die Unternehmen auch in diesem Bereich, doch mit ein bisschen Glück trägt der eine oder andere Betrieb zum Gelingen des Projektes bei. Die Unterstützung erfolgt in Verbindung mit einem kleinen Werbeschriftzug, z.B. auf der Einladung oder auf der Preisliste. Vielleicht kann das Pfarramt oder eine andere gemeinnützige Einrichtung über den gespendeten Betrag eine Spendenquittung aushändigen.

Im Vorfeld ist es sinnvoll, den Betrieben einen Vorschlag zu unterbreiten, wie sie das Projekt gezielt unterstützen können. Die Zielgruppe des Spielprojektes sollte mit der Zielgruppe des Sponsors übereinstimmen. So wird eine Brauerei eher eine Veranstaltung für Erwachsene unterstützen, als ein Projekt für Kinder. Nach meiner Erfahrung zeigen sich die meisten Betriebe großzügig, wobei der Anteil von Sachspenden allerdings überwiegt.

Diese finanziellen Hilfen ermöglichen es, ein Projekt zu organisieren, das ohne finanzielle Unterstützung nicht möglich wäre. Bei „Projekten mit Anmeldung“ kann auch ein kleiner Teilnehmerbetrag für die Finanzierung sorgen.

Die Räumlichkeit

Der Veranstaltungsort wird vom Vorbereitungsteam begutachtet. Der Besitzer des Geländes muss um Erlaubnis gefragt werden, wenn es sich um Privatgelände handelt. Bei der Anmietung von Räumen sollte ein Mietvertrag abgeschlossen werden.

Der Termin

Für Spielprojekte eignen sich vorwiegend die wärmeren Monate des Jahres, es kann aber natürlich auch im Winter gestartet werden. Außerhalb der Ferien bietet sich ein Samstag als Aktionstag an. In den Ferien kann ein Spielprojekt natürlich auch an einem anderen Wochentag durchgeführt werden.

Die Werbung

Nachdem Zielgruppe, Finanzierung, Räumlichkeit und Termin abgeklärt sind, wird noch ein Name für das Projekt benötigt. Alle genannten Punkte werden dann auf einem Plakat ver-

eint. Das Plakat kann dem Thema und der Altersgruppe entsprechend ganz unterschiedlich gestaltet werden. Die Plakate werden in mehrfacher Ausfertigung (Kopien) an Plakatwänden, in Schaufenstern, in Schulen usw. aufgehängt.

Auch die örtliche Presse kann über die geplante Aktivität informiert werden. In kurzen Berichten wird in den Tagen zuvor die Veranstaltung angekündigt. Vielleicht besucht ein Mitarbeiter der Presse nach vorheriger Einladung das Projekt und schreibt einen Bericht mit einem Foto für die Zeitung (▶ ***Öffentlichkeitsarbeit unter Gruppenleiter-ABC***). Für die Werbung gilt: Eine gute Werbung ist die „halbe Miete“. Der z.T. nicht geringe Aufwand für die Werbung lohnt sich auf alle Fälle.

Die Verpflegung

Die Getränke und das Essen werden zum Selbstkostenpreis verkauft. Die Auswahl des Essens kann auf das Programm abgestimmt werden. So kann z.B. bei einem Projekt im Wald Stockbrot über dem offenen Feuer gebacken werden.

Die Berechnung der benötigten Getränke und Lebensmittel ist sehr schwer, da die Anzahl der Teilnehmer im Voraus nicht bekannt ist. Das Leitungsteam achtet deshalb beim Einkaufen auf die Möglichkeit der Kommission, d.h. übriggebliebene Getränke und Lebensmittel können wieder zurückgegeben werden. Bäckereien, Metzgereien und Getränkehandlungen werden in Verbindung mit einem Werbeschild oder dergleichen (siehe Finanzen und Sponsoring, Seite 54) das Projekt eventuell unterstützen.

Bei „Projekten mit Anmeldung“ können im Teilnehmerbeitrag Getränke und eine kleine Mahlzeit eingeschlossen sein.

Unterscheidung offene Projekte und Projekte mit Anmeldung

Hinter einem Spielprojekt verbirgt sich die Idee, in einem Stadtgebiet, Jugendzentrum, Waldstück ... ein Angebot für Kinder und/oder Jugendliche anzubieten. Für die Auswahl des tatsächlichen Veranstaltungsortes stehen die Kriterien, wie sie in „Planung eines Spielprojektes“, Seite 52, beschrieben wurden, im Vordergrund.

Mit einem derartigen Projekt wird oftmals eine Zielgruppe angesprochen, die in unserer Gesellschaft ausgegrenzt wird oder für die von Seiten der örtlichen Jugendarbeit zu wenig angeboten wird. Ein derartiges Angebot kann aber auch als Ergänzung der örtlichen Jugendarbeit gesehen werden. Mit dem Programm wie auch mit der Auswahl des Veranstaltungsortes sollen die Bedürfnisse der Kinder und Jugendlichen angesprochen werden, die z.B. aufgrund der Wohnverhältnisse nicht befriedigt werden können. Ein derartiges Projekt sollte nicht zur Normalität werden, sondern immer eine Besonderheit bleiben, auf die sich Kinder und Jugendliche freuen können.

Das offene Projekt unterscheidet sich in mehreren Punkten von einem Projekt mit Anmeldung:

Das offene Projekt

- Bei einem offenen Projekt, das z.B. von 13–18.00 Uhr stattfindet, kommen und gehen die Besucher, wann sie möchten. Ob jemand vom Beginn bis zum Abend dort verweilen möchte oder nur für 10 Minuten vorbeischaut, bleibt jedem selbst überlassen. Die Besucher können ihren eigenen Ablauf festlegen.
- Die verschiedenen Angebote eines Spielprojektes sind nicht miteinander gekoppelt. Das heißt, die Besucher können ein Angebot wahrnehmen und danach auch wieder aufhören. Der Veranstalter hat keine Übersicht über mögliche Besucherzahlen, dies gilt insbesondere bei Erstangeboten. Bei der Bestellung von Nahrungsmitteln oder dem Einkauf von Materialien kann es dadurch zu Schwierigkeiten kommen. Erfahrungswerte und eine gute Abschätzung können verhindern, dass zu wenig oder zu viel Material oder Verpflegung vorhanden ist. Ansonsten sollte unbedingt ein Rückgaberecht mit den Händlern vereinbart werden.

- Bei einem offenen Projekt wird aus den oben genannten Gründen nicht sehr viel Wert darauf gelegt, dass sich die Teilnehmer untereinander kennen lernen. Eine derartige Veranstaltung könnte mit einem Vergnügungsplatz verglichen werden, wie ihn jeder von uns von Volksfesten kennt. Der Schwerpunkt liegt darin, dass Kinder und Jugendliche sich austoben, vergnügen, amüsieren und ihre Kreativität ausleben können.

Das Projekt mit Anmeldung

- Der Inhalt eines Projektes mit einer Anmeldung wird in der Einladung bekannt gegeben. Die Teilnehmer, die sich anmelden, wissen somit, was auf sie zukommt und haben sich mit der Anmeldung auch dafür entschieden. Dies deutet auf ein vorhandenes Interesse der Teilnehmer hin.
- Ein derartiges Projekt beginnt und endet zu einer bestimmten Zeit. Natürlich ist es möglich, später einzusteigen oder früher wieder auszusteigen. Dies stellt aber eher die Ausnahme dar. Der Ablauf des Tages wird schon in der Einladung in groben Zügen vom Veranstalter vorgegeben.
- Bei einer derartigen Veranstaltung wird mehr Wert auf Gemeinschaft gelegt, als bei einem offenen Projekt. Dazu gehört, dass sich die Teilnehmer untereinander kennen lernen. Auch stellt das gemeinsame Essen nicht nur eine Stillung des Hungers, sondern auch ein gemeinschaftliches Miteinander dar. Dementsprechend baut sich auch das Programm des Tages aufeinander auf. Das Projekt beginnt mit einer Kennenlernphase. Die weiteren Methoden diese Phase zu gestalten werden im Kapitel „Spiele und Methoden für Projekte“ aufgelistet.

  Ein „roter Faden“ zieht sich durch das Programm eines solchen Projektes. Dahinter kann auch ein großes Thema für die Veranstaltung stehen. Bei derartigen Veranstaltungen haben die Veranstalter neben den bereits beschriebenen Möglichkeiten die Chance, mit den Kindern und Jugendlichen zu einem Thema zu arbeiten. Themen wie Umweltzerstörung, Hunger in der 3. Welt, Frieden, Freundschaft ... können bearbeitet werden. Diese Themen werden aber nicht wie in der Schule behandelt, sondern auf eine lockere Art und Weise. Spiel und Thema werden gekoppelt. Die Teilnehmer sollen sich auf keinem Fall unterrichtet fühlen. Derartige Themen können durch die Auswahl von passenden Workshops, Spielen oder Methoden, wie sie in allen Kapiteln aufgelistet sind, angesprochen werden.

  Aus meiner Erfahrung heraus kann ich sagen, dass es nicht sinnvoll ist, sich über den Verlauf eines ganzen Tages ausschließlich mit dem Thema zu befassen. Kinder und Jugendliche befassen sich gerne mit einem Thema, wenn sie sich auch einfach mal gehen lassen können, toben oder auch ganz andere Dinge machen können. Eine gesunde Mischung je nach Alter der Teilnehmer ist daher sehr zu empfehlen.
- Die Planung von Materialien sowie die Berechnung der Verpflegung ist wesentlich einfacher, da die Personenzahl feststeht und sich meistens nur gering verändert.

Inhalte für offene Spielprojekte und Spielprojekte mit Anmeldung

Nachdem das Vorbereitungsteam feststeht und der Ort, die Finanzierung und somit der gesamte Rahmen für das Projekt abgeklärt ist, kann es los gehen. Jetzt kommt es auf die Ideen des Vorbereitungsteams an. Bei der Durchführung von verschiedenen Spielprojekten konnte ich einige gute Ideen ausprobieren. Sie sollen bei der Gestaltung helfen und Zeit sparen. Ein Spielprojekt sollte aus mehreren verschiedenen Bereichen bestehen, deren Zusammenstellung in den Händen des Vorbereitungsteams liegt.

Der 1. Bereich: Workshops

Ein wichtiger Bestandteil bei Spielprojekten sind Workshops. Bei den folgenden Vorschlägen ist es ratsam, sie zuvor selbst auszuprobieren. Es sind weder technische Vorkenntnisse noch größere Maschinen notwendig. Oftmals genügen einfache Materialien, die auch meistens keine großen finanziellen Mittel erfordern.

Blumentopfkugelschreiber

Material: kleiner Tonblumentopf (ca. 8 cm Durchmesser), Kugelschreiber mit Kappe, grünes Isolierband, Stoffblüte (z.B. Seidenblume), Zeitung, Moos, Messer, Scheren

Die Zeitung wird dicht zusammengepresst in den Blumentopf gedrückt. Der Blumentopf wurde bereits im Vorfeld angemalt. Die Kappe des Kugelschreibers wird mit der Spitze nach unten in die Zeitung gedrückt und festgeklebt. Anstatt der Zeitung kann auch Styropor verwendet werden. Die Kappe entspricht den Wurzeln. Die Blüte wird oben auf dem Stengel (Kugelschreiber) unter Zuhilfenahme des grünen Isolierbandes befestigt. Die Blume kann so in die Wurzel (Kappe) gesteckt werden. Die Zeitung im Blumentopf kann mit Moos bedeckt werden. Es ist ein schönes Dekorationsstück entstanden, mit dem man auch schreiben kann.

Blumentopf bemalen

Material: große und kleine Tonblumentöpfe, Dispersionsfarbe, Pinsel, Zeitung, Blumenerde, Samen oder kleine Pflanzensetzlinge

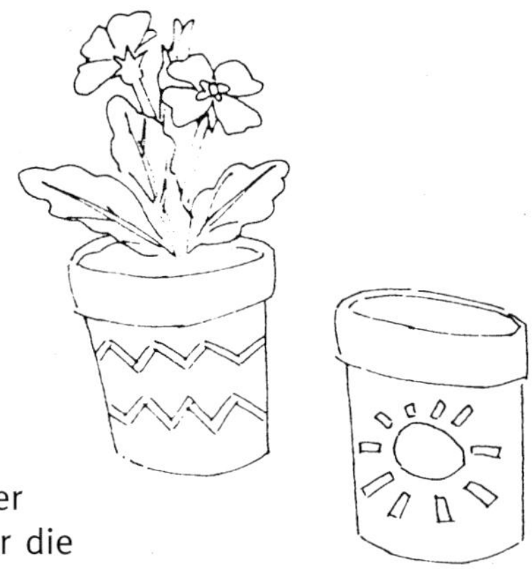

Im Frühling, wenn die ersten Blumen die triste Landschaft verschönern, findet diese Aktion gerade bei kleinen Kinder großen Anklang.

Die Blumentöpfe werden außen ganz individuell mit wasserfesten Farben angemalt. Nachdem die Farbe getrocknet ist, wird das Loch im Topf mit einem größeren Stein bedeckt. Das kleine Kunstwerk wird mit Blumenerde aufgefüllt. Mehrere Samen werden oben eingesäht (Kresse- oder Sonnenblumensamen eignen sich ebenso wie andere Samen für Frühlingsblumen). Ein bisschen Wasser und etwas Geduld und in einigen Tagen können die Kinder die Pflanze in ihrem eigenen Zimmer wachsen sehen. Die Blumentöpfe können aber auch mit Frühlingsblumen bepflanzt werden. Primeln und Stiefmütterchen eignen sich hier ganz besonders. Manche Gärtnereien geben gerne eine Blumenspende für einen derartigen Zweck (siehe Finanzen und Sponsoring, Seite 54).

Die bemalten und bepflanzten Blumentöpfe können zugleich als ein schönes Geschenk für den Muttertag oder einen Geburtstag verwendet werden.

Batiken (Einfärben von Stoffen)

Material: Batikfarben, Fixiermittel, Paketschnur, Scheren, große Eimer und Wannen, verschiedene Textilien

Weiße Textilien aus 100 % Baumwolle können bunt eingefärbt werden. Zuvor kann man die Textilien mit Paketschnur abschnüren (Knoten). An der Stelle, an der die Schnur das Gewebe abbindet, kommt keine Farbe hin. Es entsteht ein weißer Strich, Punkt, Kreis ...

Die Anleitung für den Batikvorgang und das Fixierbad steht auf der Verpackung. Wenn zum Schluss die Knoten aufgeschnitten werden, muss darauf geachtet werden, dass kein Loch versehentlich in das Gewebe geschnitten wird.

Broschen aus Moosgummi

Material: farbiges Moosgummi, Metallbroschen, Kleber, Scheren

Moosgummi ist gut, um schöne Broschen und Haarspangen zu gestalten. Kinder können das Material mit einer Schere bearbeiten und ihr individuelles Schmuckstück selbst herstellen. Das ausgeschnittene Moosgummi wird auf die Metallbrosche aufgeklebt. Neben Metallbroschen gibt es im Fachhandel noch eine Vielzahl von verschiedenen Rohlingen, die mit buntem Moosgummi gestaltet werden können. Allerdings sind diese Rohlinge nicht ganz billig.

Bumerang

Material: Sperrholz, Laubsägen, Stichsägen, Raspeln, Feilen, kopierte Vorlagen, Pauspapier, Lackfarbe

Fliegende Objekte, wie z.B. ein Bumerang, faszinieren Kinder und Jugendliche immer wieder aufs Neue. Ein Bumerang ist in der Herstellung (wenn die Geräte vorhanden sind) nicht teuer und auch nicht sehr schwierig. Genaue Informationen über den Bau eines Bumerangs können der entsprechenden Fachliteratur entnommen werden (siehe Weiterführende Literatur).

Eiswürfelkerzen

Material: Eis, leere Marmelade- oder Einmachgläser, alte Kerzen oder Wachs, Wachsfarbstoffe, Christbaumkerzen, verschiedene Werkzeuge

Kerzen und Eis, das passt doch nicht zusammen – oder doch?! Altes Wachs von weißen oder bunten Kerzen wird in einem Blecheimer oder einer großen Konservendose in einem Wasserbad verflüssigt. Auch das pulverisierte Wachs, das im Handel erhältlich ist, eignet sich hierfür sehr gut. Das Wachs wird mit Wachsfärbemittel, ebenfalls im Handel erhältlich, in die gewünschte Farbe eingefärbt. Möchte man mehrere verschiedene Farben, so muss man für jede Farbe einen eigenen Eimer ansetzen. Das Wachs wird flüssig gehalten. In einem alten Einmachglas wird eine Christbaumkerze (am besten in der gleichen Farbe wie das gefärbte Wachs) in der Mitte des Glases mit zwei oder drei Tropfen heißen Wachs befestigt. Das Eis wird in unterschiedlich große Stücke zerkleinert. Die Eisstücke dürfen je nach Größe des Einmachglases nicht mehr als 2–4 cm Durchmesser haben. Die Eisstücke werden um die Kerze im Glas verteilt. Das Eis sollte bis kurz unterhalb des Dochtes reichen. Das heiße Wachs wird in das Glas eingefüllt, so dass das Eis schmilzt und das Wachs erstarren lässt. Es entstehen ungewöhnliche Kerzen, die an Tropfsteinhöhlen erinnern. Das Glas wird in einer Wanne vorsichtig mit einem Hammer zerschlagen. Die Kerze wird von Splittern gereinigt und fertig ist die Eiswürfelkerze.

Floßbau

Material: verschiedene Hölzer (z.B. Stämme, alte Paletten), luftgefüllte Gegenstände (z.B. Kanister), Schrauben, Nägel, Dachlatten, Hammer, Schnur

Dieses Angebot empfiehlt sich nur, wenn ein kleines Gewässer oder ein ruhiger Fluss in der Nähe ist. Mit alten Paletten und Brettern kann ein Floß zusammengeschraubt, genagelt oder geschnürt werden. Es ist äußerst wichtig, dass das Floß nicht größer als 2 x 2 m ist. Da das Floß unter Belastung der sich darauf befindlichen Flößer untergehen würde, ist es notwendig, luftgefüllte

Gegenstände, wie z.B. Kanister oder kleine Fässer, unter dem Floß zu befestigen. Hierbei muss darauf geachtet werden, dass kein Wasser in die Behälter eindringen kann.

Getestet wird das fertige Floß und seine Tragfähigkeit im seichten Wasser. Wenn die Wassertiefe die Körpergröße der Flößer übersteigt, sollten unbedingt Schwimmwesten angezogen werden. Das Floß darf nicht auf Flüssen mit zu starker Strömung verwendet werden. Auch auf Flüssen mit regem Schiffsverkehr ist ein Einsatz nicht ratsam.

Gipsdosen

Material: Gips (pulverisiert), Getränkedosen, Wasser, Dosenöffner

Der Deckel der Getränkedose wird mit dem Dosenöffner so abgetrennt, dass keine scharfen Kanten entstehen. Die leere Dose kann nun durch Druck verformt werden. Etwas Gips wird mit Wasser angerührt und auf der Dose verteilt. Das Blech und der Gips verbinden sich. Die Dose wird rundherum mit Gips bedeckt und glatt gestrichen. Es entsteht eine moderne Vase oder ein Stifthalter für den Schreibtisch.

Gipsmasken

Material: Gipsbinden (in der Apotheke erhältlich), Vaseline, Wasser, Taschentücher und Scheren

Das Gesicht wird dick mit der Vaseline eingerieben. Aus den Taschentüchern werden kleine Streifen abgeschnitten und auf die Augenbraue/bzw. auf die geschlossenen Augen gelegt. Die Gipsbinden werden in kurze Streifen geschnitten, in das Wasser eingetaucht und auf das Gesicht gelegt. So wird das ganze Gesicht (offene oder geschlossene Augen) bedeckt. Die Nasenlöcher oder der Mund müssen frei bleiben. Zehn Minuten nach Beendigung der Gipsarbeiten kann der Jugendliche seine Gesichtsmuskeln vorsichtig bewegen. Die Maske wird sich dann langsam lösen. Es dürfen auf keinem Fall Haare mit Gips bedeckt werden, da es sonst zu Problemen beim Lösen der Maske kommen kann. Die Masken können nach der entsprechenden Trockenzeit von ca. 30 Minuten bemalt, beklebt oder anderweitig dekoriert werden.

Jonglierbälle – die einfache Variante

Material: große runde Luftballons, Milchreis

Ähnlich wie bei den Wutbällen (siehe Beschreibung: Wutbälle) wird der Reis in den Ballon eingefüllt. Dazu wird der Hals eines Luftballons auf die Hälfte abgeschnitten und mit zwei Fingern auseinander gezogen und der Reis schnell in den Ballon gefüllt. Der Hals eines 2. Ballons wird auf die Hälfte abgeschnitten. Der 2. Ballon wird über die Öffnung des gefüllten Ballons gezogen. Ein 3. Ballon wird wieder von der entgegengesetzten Seite übergezogen und schon sind die eigenen Jonglierbälle fertig.

Jonglierbälle – die aufwendige Variante

Material: Stoffreste (kein Cordstoff oder dickerer Stoff), Milchreis, Nähmaschine, Faden, Nadel, Scheren, evtl. Stofffarben, Pinsel

Aus den Stoffresten werden pro Jonglierball vier Teile nach dem folgenden Muster ausgeschnitten:

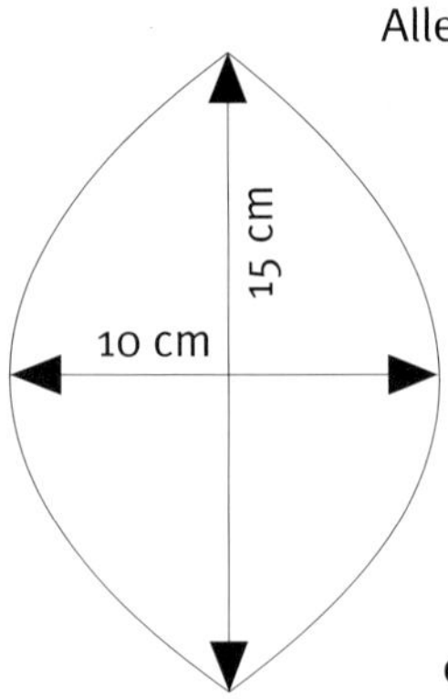

Alle Teile können dann auf je einer Seite bemalt werden. Alle vier Teile werden mit der Nähmaschine zu einem Jonglierball zusammengenäht. Bei der letzten Naht läßt man am Ende eine 3–4 cm große Lücke frei. Der halbfertige Ball wird nach rechts umgedreht, so dass die bemalten Seiten nach außen gelangen. Durch dieses Loch kann der Milchreis eingefüllt werden. Der Jonglierball sollte nicht prall gefüllt werden, sondern so dass er noch Falten werfen kann. Zum Schluss wird das Loch von Hand zugenäht. Ein strapazierfähiger Jonglierball, nicht nur für Anfänger, ist entstanden.

Kreide selber herstellen

Material: Gipspulver, Wasser, farbige Dispersionsfarbe, etwas dickerer Karton, Klebeband, Schere

Was gibt es Schöneres, als bei trockenem Wetter mit Kreide ein Bild auf die Straße zu malen? Die Kreide kann wie folgt selbst hergestellt werden:

Als erstes wird eine Röhre in der gewünschten Länge und Breite zugeschnitten (z.B. ca. 12 cm lang und 3–4 cm im Durchmesser). Ein Ende wird mit dickem Klebeband zugeklebt. Das Gipspulver wird in nicht zu großen Mengen (immer für ein einzelnes Stück Kreide) mit Wasser zu einem löffelfesten Brei angerührt. Einige Tropfen der Lieblingsfarbe dazu und fertig ist die Rohmasse. Diese Rohmasse wird in die Kartonröhre gefüllt. Dabei ist darauf zu achten, dass keine Hohlräume entstehen. Durch das Drücken mit einem Löffel kann dies verhindert werden.

Nach ca. einer 1/2 Stunde ist die Kreide fertig und die Kartonröhre wird entfernt. Das entstandene Stück Kreide mit der ganz individuellen Farbe lädt nun zum Malen ein.

TIPP

Ist die Rohmasse zu flüssig, Pulver dazugeben. Ist die Rohmasse zu trocken, löst ein bißchen Wasser das Problem.

Marmorieren

Material: Tapetenkleister, Wasser, Marmorierfarbe, Papier, Karten

In einer größeren Wanne wird der Kleister angerührt. Verschiedene Farbspritzer werden auf die Oberfläche des Kleisters verteilt. Das Papier oder die Faltkarte wird über die Oberfläche des Kleisters mit der Farbe gezogen. Die Farbpigmente bleiben auf dem Papier kleben. Das Muster, das zuvor auf der Oberfläche des Kleisters war, wird direkt auf das Papier übertragen und es entstehen schöne Muster. Das Papier wird zum Trocknen ausgelegt. Aus dem getrockneten Papier können auch schöne Teile, z.B. für Karten, ausgeschnitten werden. Entsprechende Fachliteratur gibt es in jedem Bastelgeschäft.

Schallplattenuhren

Material: alte Schallplatten, einfache billige Uhrwerke, spitze Gegenstände, Bunsenbrenner oder Lötlampe, Spraydosen

Aus alten Schallplatten entstehen moderne Uhren. Wie ist das möglich? Mit dem Bunsenbrenner wird ein Punkt auf der Schallplatte erhitzt. Schon nach kurzer Zeit beginnt dieser Punkt zu schmelzen. Dann ist es höchste Zeit den Bunsenbrenner abzuschalten und mit einem spitzen Gegenstand das weiche Material zu verformen. Vorsicht: Das Material kann zu weich sein und wird so sehr schnell durchstochen. Nach einem kurzen Moment des Wartens geht es gleich viel besser. Es entstehen spitze Türme ... So kann die Schallplatte individuell gestaltet werden. Zwei Dinge müssen allerdings beachtet werden. Die Schallplatte muss immer von der gleichen Seite bearbeitet werden, so dass die Spitzen immer in die gleiche Richtung zeigen. Bei den vielen Spitzen muss darauf geachtet werden, dass sich die Zeiger noch ungehindert drehen können und nicht an einer Spitze hängen bleiben. Nach dem Bearbeiten kann die Schallplatte angemalt oder angesprüht werden. Das Uhrwerk wird in das Loch in der Mitte der Schallplatte eingesetzt.

Speckstein

Material: Speckstein (in jedem Bastelgeschäft erhältlich), Holzfeilen, Holzsägen, Handbohrer, grobes und feines Schleifpapier, Stahlwolle

Speckstein ist ein weicher Stein, der mit den gleichen Werkzeugen, die man auch für die Bearbeitung von Holz verwendet, bearbeitet werden kann. Aus Speckstein können die unterschiedlichsten Dinge entstehen (z.B. Tiere, Amulette ...). Fachliteratur gibt es in jedem Bastelgeschäft und in jeder guten Bücherei (siehe Weiterführende Literatur).

Styroporboote mit eigenem Antrieb

Material: Styroporplatten ca. 1,5–2 cm stark, Luftballons, etwas dickeren Draht, Plastikschlauch mit ca. 1 cm Durchmesser, Styroporschneidemaschine (heißer Draht) oder Teppichmesser

Aus dem Styropor wird die Grundfläche eines Bootes ausgeschnitten, das ca.12–15 cm lang und 6–8 cm breit ist. Hierfür ist eine Styroporschneidemaschine besser geeignet als ein einfaches Teppichmesser, da der heiße Draht der Schneidemaschine einen klaren Schnitt ergibt. Selbstverständlich kann das Boot auch angemalt werden. Vom Schlauch wird ein ca. 7 cm langes Stück abgeschnitten und vom Draht ca. 5 cm. Der Schlauch und der Draht werden wie folgt auf dem Boot befestigt:

Der Draht fixiert den Schlauch auf dem Styropor. Ein Luftballon wird aufgeblasen und über den Schlauchanfang gestülpt. Dann wird das Boot ins Wasser gesetzt. Die Luft entweicht aus dem Luftballon, sobald man es losgelassen hat. Durch den Luftantrieb fährt das Boot sehr schnell hinaus auf die offene „See“ oder ans Ende der Badewanne

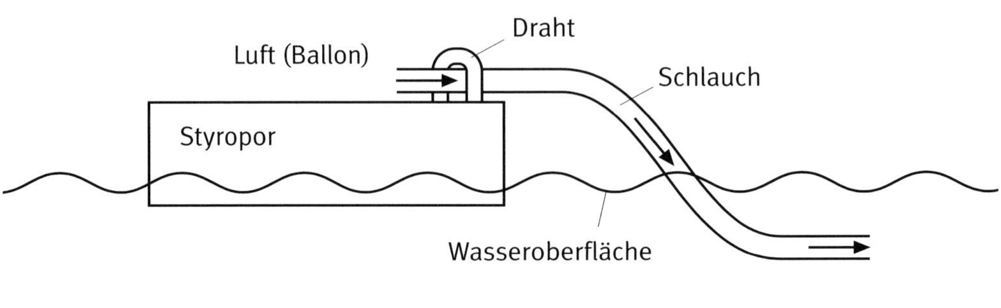

Wutbälle

Material: runde Luftballons, Mehl, Trichter und geschickte Finger

Pro Wutball werden immer zwei Luftballons benötigt. Ein Jugendlicher öffnet den Hals eines Ballons, ein anderer füllt über einen Trichter Mehl in den Ballon ein. Ist der Ballon gefüllt, wird die Hälfte des Halses abgeschnitten. Ein zweiter Luftballon, auch mit einem zur Hälfte abgeschnittenen Hals, wird zuerst über den Hals des gefüllten Luftballons gestülpt und dann über den gesamten Ballon gezogen. Das Mehl fühlt sich ganz weich an und verkrampfte Finger können damit sehr schön gelockert werden und Wut oder Anspannung wird abgebaut.

Ytongsteine

Material: Ytongsteine (im Baugeschäft erhältlich), Holzsägen, Feilen, Raspeln, Arbeitskleidung, Dispersionsfarbe

Die großen rechteckigen Ytongsteine, die man auch als Straßenmalkreide verwenden kann, sind ein sehr leicht zu bearbeitendes Material. Mit Sägen, Feilen und Raspeln können neben einem Totem für das Indianerlager auch so manche tolle Kunstwerke entstehen. Die Ytongsteine können mit wasserfester Farbe bemalt werden und so einen wirkungsvollen Akzent in jedem Zimmer, Garten oder Terrasse setzen. Beim Bearbeiten von Ytongsteinen entsteht feiner weißer Staub. Es empfiehlt sich daher Arbeitskleidung zu tragen und eine Plastikplane als Unterlage auszulegen.

Der 2. Bereich: Angebote mit sportlichem Charakter

Die Angebote im sportlichen Bereich können ganz vielfältig aussehen. Spiele wie Fuß-, Völker- oder Volleyball sind Spiele, die jeder aus dem Sportunterricht kennt. Wird eines dieser Spiele auf einer Freizeit, einem Aktionstag oder in einer Gruppenstunde gespielt, erhält es einen anderen Charakter. Im Schulsport wird auf die genaue Einhaltung der Regeln und das „richtige" Spiel geachtet, dadurch entsteht oft Druck und es macht vielen keinen Spaß mehr. Dagegen wird beim improvisierten Spielen nur geringfügig auf die Regeleinhaltung geachtet, denn der Spaß steht im Vordergrund und es sollte möglichst kein Druck entstehen.

Neben diesen bekannten Spielen gibt es auch kleinere Stafetten und Mannschaftsspiele, bei denen es nicht auf körperliche Fitness und Stärke ankommt, sondern eher auf Geschick und Spaß. Die nun folgenden Spielideen sind besonders zur Anwendung bei Spielprojekten, Freizeiten und Gruppenstunden geeignet.

Stafetten

Dreibeinlauf

Material: Schaumstoff oder Tücher, Start- und Ziellinie, verschiedene Hindernisse

Die Mannschaften stehen in 2er-Reihen hintereinander an der Startlinie. Das rechte Bein des linken Läufers und das linke Bein des rechten Läufers werden unterhalb des Knies mit Hilfe eines Schaumstoffstreifens oder eines Tuches zusammengebunden. Der Hindernisparcours wird für die Gruppen parallel aufgebaut. Eine Wippe, ein Stuhl oder eine Schnur, unter der man durchkriechen muss, sind dafür nur einige Möglichkeiten. Auf ein Startzeichen rennt das erste Paar jeder Mannschaft los. Sobald das Paar zurückkommt, startet das nächste Paar. Welche Mannschaft hat die schnellsten Dreibeinläufer?

Eierlauf

Material: pro Mitspieler ein Suppenlöffel, mehrere Eier oder Tischtennisbälle, Hindernisparcours

Die Mannschaften stehen wie beim Dreibeinlauf an der Startlinie. Der erste Spieler einer Mannschaft hält einen Suppenlöffel mit einem Ei darauf in der ausgestreckten Hand. Auf das Startzeichen bewältigen sie den ***HINDERNISPARCOURS*** ***(▶ SIEHE GRUPPENLEITER-ABC)***. Dann wird das Ei auf den Löffel des 2. Spielers übergeben. Jede Mannschaft hat nur zwei Eier zur Verfügung. Welche Mannschaft ist als Erstes fertig und hat mindestens ein Ei sicher auf dem Löffel zurückgebracht?

Kekspfeife

Material: Kekse, zwei Stühle

Die Mannschaften stehen wie beim Dreibeinlauf an der Startlinie. Jeder Spieler hat einen Keks in der Hand. Auf das Startzeichen rennen die ersten Spieler zu einem in ca. 15 m entfernten Stuhl. Währenddessen versuchen die Läufer den Keks zu essen. Sie laufen so lange um den Stuhl, bis der Mund leer ist. Die Läufer rennen zurück zur Gruppe und pfeifen dem Spielleiter ins Ohr. Erst nach dem Pfiff darf der nächste Spieler los laufen. Die Mannschaft, die als Erste einen Durchlauf beendet hat, ist Sieger.

Kerzenparcours

Material: pro Mannschaft eine Stumpfkerze, einen Korken, der am Ende einer ca. 70 cm langen Schnur befestigt ist, Streichhölzer

Wie bei den bisher beschriebenen Spielen stehen die Mannschaften hinter der Startlinie. Die ersten Spieler einer jeden Mannschaft befestigen die Schnur am Gürtel oder einer Gürtelschlaufe, so dass der Korken ca. 10 cm über dem Boden zwischen den Beinen baumelt. Auf das Startzeichen rennen die Spieler zur jeweils in ca. 10 m entfernten brennenden Kerze. Es muss versucht werden, die Kerze mit Hilfe des Korkens auszumachen, dazu dürfen die Hände nicht zur Hilfe genommen werden. Sobald die Kerze aus ist, rennt er zurück und es wird die Schnur an den nächsten Mitspieler übergeben. Welche Mannschaft hat als Erste einen Durchlauf erfolgreich beendet?

Promillespiel

Material: pro Mannschaft ein ca. 1 m hoher Stab oder ähnliches, mehrere Hindernisse

Wie bei allen bisher genannten Spielen stehen beide Mannschaften hinter der Startlinie. Der Erste einer Mannschaft stellt den Stab aufrecht auf den Boden. Auf das Startzeichen legt er den Kopf auf den Stab und dreht sich 10-mal um diesen, ohne den Kopf zu heben. Die Drehung erzeugt einen Schwindelzustand, in dem der Spieler nun eine Slalomstrecke bewältigen soll. Der 2. Spieler startet nach der Rückkehr des 1. Spielers usw.

Es ist empfehlenswert, das Spiel am Strand, im Schnee oder auf einer Wiese (weicher Untergrund) zu machen. Welche Mannschaft ist als Erste fertig?

Wassertransport

Material: pro Mannschaft ein Eimer, mehrere Hindernisse, Schöpfkelle, Schwamm, Wasser

Die Spieler haben einen Wassertransport über eine lange Strecke zu absolvieren. Dabei kann man beim Aufbau des Parcours seiner Phantasie freien Lauf lassen. Ob die Spieler mit einer Schöpfkelle oder einem Schwamm versuchen, das Wasser aus einem Gewässer oder einer Wanne über einen Hindernisparcours zum Zieleimer zu transportieren, bleibt dem Spielleiter überlassen. Auch der Hindernisparcours kann ganz individuell gestaltet werden. Welche Mannschaft hat nach einer bestimmten Zeitvorgabe das meiste Wasser transportiert?

Luftballon beißen

Material: Schnur, Luftballons, Wasser

Die Luftballons werden mit etwas Wasser gefüllt, aufgeblasen und an einer Schnur festgeknotet. Zwei Leiter halten an den beiden Enden die Schnur mit den Luftballons fest. Immer zwei Spieler aus einer Mannschaft rennen im Huckepackverfahren zur Ballonschnur. Der Obere von beiden Spielern versucht, einen Luftballon ohne Mithilfe der Hände zu zerbeißen. Die Paare werden bei Erfolg natürlich mit Wasser überschüttet, so dass das Spiel nur bei warmer Witterung zu empfehlen ist. Welche Mannschaft hat als Erste die Ballons zerbissen?

Haarwasser

Material: pro Mannschaft zwei Eimer, kleiner Hindernisparcours, Wasser

Vor der Startlinie steht für jede Mannschaft ein mit Wasser gefüllter Eimer bereit. Hinter der Linie steht die Mannschaft. Auf das Startzeichen tauchen die Ersten jeder Mannschaft den Kopf in den Eimer und laufen so schnell wie möglich zum 2. Eimer, der in ca. 15 m Entfernung steht. Dort wringen sie die Haare aus, laufen zurück und der Nächste startet. Das Ziel des Spiel ist es, mit den Haaren in einer bestimmten Zeit so viel Wasser wie möglich in den 2. Eimer zu transportieren. Der Hindernisparcours zwischen den Eimern darf nicht zu schwierig sein, da das Wasser die Sicht der Spieler sehr stark beeinträchtigt.

Apfelsuppe

Material: pro Mannschaft eine Wanne, Wasser, pro Spieler eine Apfelscheibe

Die Mannschaften stehen hinter der Startlinie. Auf das Startzeichen läuft der erste Spieler einer jeder Mannschaft los, kniet sich vor die Wanne, legt die Hände auf den Rücken und versucht die Apfelscheibe im 10 cm tiefen Wasser zu essen. Sobald die Apfelscheibe ganz gegessen ist, startet der nächste Spieler. Das Wasser kann aus hygienischen Gründen ausgetauscht werden. Welche Mannschaft wird zum Apfelkönig?

Hinweise

Diese Vorschläge für Mannschaftswettkämpfe machen viel Spaß. Es gibt viel zu lachen und super Erinnerungsfotos. Allerdings kann es wie bei allen Spielen mit Gewinnern und Verlierer zu Konflikten kommen. Für den Spielleiter ist es daher wichtig, die jeweiligen Regeln des Spiels deutlich zu erklären und darauf zu achten, dass keine Ungerechtigkeiten entstehen können. Die Spiele können auch beliebig erweitert oder verändert werden.

Mannschaftsspiele

Tausendfüßler

Material: -

Die Mannschaften mit je mind. 5 Mitspielern knien sich hintereinander auf den Boden. Die Startlinie verläuft vor den ersten Spielern der Mannschaften. Die Spieler fassen mit den Händen an die Füße des Vordermanns. Auf das Kommando hin bewegen sich die Tausendfüßler in Richtung Zielgerade. Wichtig ist, dass der Tausendfüßler nicht auseinander bricht. Welcher Tausendfüßler überquert als erster die Ziellinie? Dieses Spiel ist nur auf Sand, im Schnee oder im Gras empfehlenswert.

Königsspiel

Material: Geschirrhandtuch oder anderes Tuch ähnlicher Größe

Zwei Mannschaften mit je mind. 5 und höchstens 15 Spielern stehen sich in der Entfernung von ca. 30 m gegenüber. In der Mitte liegt das Handtuch. Die Spieler der Mannschaften stehen nebeneinander und werden durchnummeriert. Die Gegner auf der anderen Seite erhalten die gleichen Nummern.

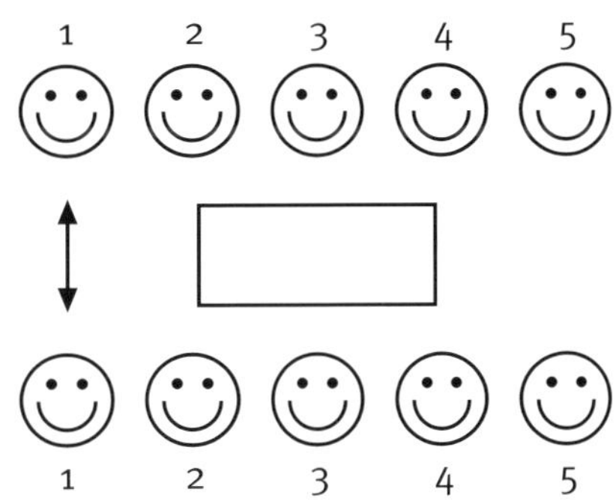

Der Spielleiter ruft nun eine Zahl. Die beiden Spieler mit dieser Zahl aus den jeweiligen Mannschaften versuchen nun, das Tuch zu holen und in die eigene Mannschaft zu bringen, ohne dass der Gegner den Spieler am Körper berührt. Gelingt es, gibt es zwei Punkte. Berührt der Gegner den anderen Spieler (der das Handtuch in den Händen hält), so erhält der Gegner einen Punkt. Die Spieler werden sehr schnell merken, dass es selten Sinn macht, sofort nach dem Tuch zu greifen, sondern dass es von Vorteil ist, einen günstigen Moment abzuwarten.

Das Spiel kann erschwert werden, wenn die Reihenfolge der Aufstellung der Spieler mit der Zahlenreihenfolge nicht übereinstimmt.

Hans im Glück

Material: ein Apfel pro Mannschaft

Jede Mannschaft erhält einen Apfel. Mit diesem Apfel zieht die Gruppe durch Geschäfte und zu Privatleuten. Sie müssen versuchen, den Apfel gegen einen anderen Gegenstand einzutauschen. Dabei gelten nur reine Tauschgeschäft zwischen dem Apfel und einem anderen Gegenstand, d.h. Hinzulegen von Geld oder eines zweiten Gegenstandes ist nicht erlaubt. Dieser eingetauschte Gegenstand wird wieder eingetauscht usw. Wer hat nach einer Stunde am besten gehandelt und getauscht?

Große Fernsehshows zum Nachspielen

Das Fernsehen dient meistens als Alternative für Spielabende, Ausflüge oder Gespräche. Oftmals ist es schwer, sich vom Fernsehsessel zu lösen und den Abend anders zu gestalten. Das Fernsehen wird von vielen als Kommunikationszerstörer oder als bester Freund der Kinder und Jugendlichen bezeichnet.

Das Fernsehen bietet neben abstumpfenden Sendungen und sinnlosen Talkshows eine Vielzahl von Spiel- und Quizshows an, die in der Jugendarbeit sehr gut verwendet werden können. Umstrukturierte und auf die Gruppe angepasste Shows bieten sich nicht nur als Abendprogramm für Freizeiten, sondern auch als interessanter Programmteil bei Spielprojekten an. Aus der Vielzahl von Shows habe ich einige geeignete herausgesucht und für die Jugendarbeit abgeändert.

Allgemeine Hinweise

Bei der Durchführung derartiger Shows können Elemente aus dem Fernsehen übernommen werden. Die Musik kann aufgenommen werden, der Moderator verkleidet sich entsprechend, Kulissen werden gebaut und typische Besonderheiten können einbezogen werden (z.B. Gummibären bei „Wetten dass ...?“).

Auch die Sprache des Moderators wird dem Original angepaßt. Stargäste, wie z.B. Prominente und Sänger, können imitiert werden. Je ähnlicher die Spielshow dem Original kommt, desto besser.

Jeopardy/Der große Preis

Material: Ratewand aus Karton, Fragebogen

Spieler: mind. 2, max. 5 Einzelspieler oder kleinere Mannschaften

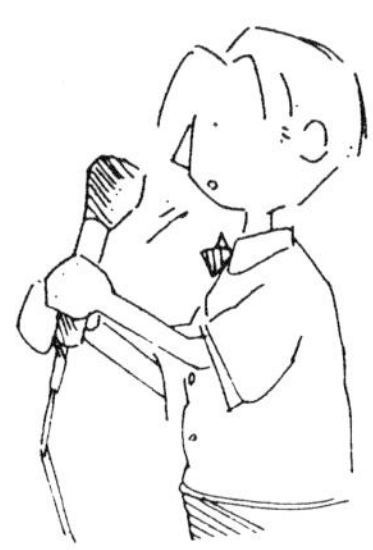

Die Vorbereitungen

Es wird wie folgt eine Ratewand aufgemalt:

Thema 1	Thema 2	Thema 3	Thema 4	Thema 5
20	20	20	20	20
40	40	40	40	40
60	60	60	60	60
80	80	80	80	80
100	100	100	100	100

Die Themen und Fragen werden individuell dem Thema sowie Interesse und Alter der Spieler angepasst. Der Schwierigkeitsgrad der Fragen steigt mit zunehmender Punktezahl an.

Der Spielablauf

Die 1. Gruppe/der 1. Spieler sucht sich ein Feld aus, z.B. Thema 3/60 Punkte. Die Frage wird vom Spielleiter vorgelesen. Wird die Frage richitg beantwortet, erhält die Mannschaft/der Kandidat die entsprechende Punktzahl (60 Punkte) auf sein Konto gutgeschrieben. Kann die Frage nicht beantwortet werden oder die Lösung ist falsch, so wird die Frage an die nächste Mannschaft/den nächsten Spieler weitergegeben. Gibt diese/r die korrekte Antwort, erhält sie/er die Punkte. Schafft auch er/sie es nicht, dann wandert die Frage notfalls durch bis zur letzten Mannschaft. Das Feld wird daraufhin durchgestrichen.

Das Ziel

Welche Mannschaft/welcher Spieler hat am Ende die meisten Punkte?

Montagsmaler

Material: große Papierbögen, dicke Filzstifte, unterschiedliche Begriffe

Spieler: 2 Mannschaften à 3–7 Spieler

Die Vorbereitung

Die großen Papierbögen werden an einer gut sichtbaren Wand aufgehängt. Auf kleine Zettel werden einzelne Begriffe (Substantive) aufgeschrieben. Die 1. Mannschaft setzt sich in einer Reihe in einem Abstand von 3–4 m vor die Ratewand.

Die Durchführung

Der 1. Spieler aus einer Mannschaft geht zum Spielleiter, liest (leise, nicht laut!) einen Begriff und versucht, diesen auf dem Papier darzustellen. Sobald der Begriff erraten wurde, rutscht die Mannschaft auf und der 2. Spieler der gleichen Mannschaft malt. Währenddessen setzt sich der 1. Spieler auf den letzten Platz. Nach ca. 3–5 Minuten kommt die andere Mannschaft an die Reihe.

Das Ziel

Welche Gruppe hat nach einigen Runden am besten gemalt und geraten?

Herzblatt

Material: 2 x 3 Fragen, 4 Stühle, Trennwand, Gutschein für den „Herzblatthubschrauber“

Spieler: 4 männliche und 4 weibliche Spieler/innen

Die Vorbereitung

Wie im Original gibt es auch in unserer „Herzblattshow“ eine Runde mit einer Frau und drei Männern und eine zweite Runde mit einem Mann und drei Frauen. Die Frau sitzt auf einem Stuhl, dazwischen befindet sich eine Sichtschutzwand. Hinter dieser Wand befinden sich die Männer und anschließend die Frauen.

Die Durchführung

Die Frau stellt laut eine Frage an die Männer: Die Männer antworten, indem sie ihre Antwort dem Moderator ins Ohr flüstern. Sie würden sich sonst durch den individuellen Tonfall verraten. Der Moderator wiederholt die geflüsterte Antwort laut. Alle drei Kandidaten beantworten in unterschiedlicher Reihenfolge alle drei Fragen. Die Entscheidung über die Wahl des „Herzblattes“ wird anschließend getroffen. Der Auserwählte und die Frau stellen sich hinter der Wand auf, so dass sie einander gegenüberstehen. Die Wand wird zurückgezogen und das 1. Paar steht Auge in Auge gegenüber. Die 2. Runde folgt.

Das Ziel

Wer die besten Antworten gegeben hat, wird zum Herzblatt des Abends gewählt.

Geld oder Liebe

Material: Tageslichtprojektor mit einer Folie, die mit Begriffen beschriftet ist, Leinwand, alternativ Begriffe einzeln auf große Papierbögen schreiben

Spieler: mehrere Einzelspieler oder Mannschaften, ein aktives Publikum

Die Vorbereitung

Die Spieler sitzen dem Publikum gegenüber. Die Begriffe werden über den Tageslichtprojektor auf einer für das Publikum sichtbaren Leinwand gezeigt. Die Spieler dürfen die Begriffe dabei nicht sehen. Falls kein Tageslichtprojektor vorhanden ist, können die einzelnen Begriffe auf Papierbögen geschrieben werden. Diese werden dann dem Publikum gezeigt.

Die Durchführung

Das Publikum hat die Aufgabe, die Begriffe zu erklären, ohne Sprache zu Hilfe zu nehmen. Mit Gestik und Mimik, aber auch durch Summen einer entsprechenden Melodie kann der Erklärungsversuch erfolgen. Es rät immer nur eine Mannschaft. Die Begriffe können ganz nach Belieben gewählt werden. Es eignen sich z.B. Werbemelodien, Tätigkeiten, Berufe oder auch zusammengesetzte Hauptwörter.

Das Ziel

Die Mannschaft, die innerhalb einer bestimmten Zeit die meisten Begriffe erraten hat, ist Sieger. Setzen sich die Mannschaften z.B. aus einer weiblichen und einem männlichen Spieler zusammen, so kann das Publikum anschließend entscheiden, wer das Traumpaar werden soll.

Dingsda

Material: Spielsachen und andere Gegenstände von Kleinkindern, Begriffe

Spieler: mehrere Mannschaften, pro Mannschaft eine Glocke

Die Vorbereitung

Den „Dingsda-Kindern“ werden verschiedene Begriffe zugeordnet. Das Publikum sitzt in mehreren gleichgroßen Gruppen zusammen.

Die Durchführung

Die „Dingsda-Kinder“ erklären immer zu zweit oder allein einen Begriff. Sie nehmen dabei „Kleinkindsprache“ sowie Denkweise an. Für die Erklärung kann zu Beginn weit ausgeholt werden, um Verwirrung zu stiften. Die Erklärungen werden nach einiger Zeit immer deutlicher und konkreter, so dass es für die Ratenden leichter wird.

Sobald ein Spieler aus einer Mannschaft glaubt, den zu erratenden Begriff zu wissen, läuft er zu der in ca. 5 m entfernten Glocke und läutet. Die Kinder stoppen die Erklärung des Begriffes. Stimmt die Antwort, erhält die Mannschaft 20 Punkte. Ist sie falsch, erhalten die anderen Mannschaften je 10 Punkte.

Das Ziel

Welche Mannschaft errät am schnellsten die beschriebenen Begriffe und hat am Ende das höchste Punktekonto?

Alles nichts – oder?!, die ultimative Tortenshow

Material: Tortenwand, Torten, Ausstattung für den Stargast, Stühle

Spieler: 2 Moderatoren, „Prominenter" als Stargast

Die Vorbereitung

Die Spielshow besteht aus mehreren kleinen Spielen, die ohne große Vorbereitung gespielt werden können.

Zudem wird eine Tortenwand benötigt. Dazu aus einer großen Sperrholzplatte (Größe einer Tischtennisplatte) zwei Löcher im oberen Bereich nebeneinander aussägen. Die Löcher sollten so groß sein, dass je ein Kopf durchgestreckt werden kann. Richtige Torten sind meines Erachtens zum Werfen zu Schade. Aus diesem Grund können kleine fertige Tortenböden (Mürbeteig) gekauft und mit Sprühsahne dekoriert werden. Diese werden erst kurz vor dem Spielstart hergerichtet.

Die Durchführung

Zu Beginn begrüßen die Moderatorin und der Moderator mit großem Applaus den heutigen Stargast (z.B. Heino, Wildecker Herzbuben, Take That ...). Die Stargäste treten in verschiedenen Wettkämpfen gegen die beiden Gastgeber an. Hierfür können ganz einfache Spiele eingesetzt werden wie z.B.:

- Reise nach Jerusalem
- Zungenbrecher nachsagen
- Scharade: Die Spieler sitzen im Kreis. Der Stargast beginnt und sagt: „ Ich fahre in den Urlaub und packe eine „Zahnbürste" in meinen Koffer. Er steht dabei auf und stellt die Zahnbürste symbolisch dar, indem er mit ausgestrecktem Zeigefinger über den Mund fährt. Der nächste Spieler sagt den selben Satz und zählt die „Zahnbürste" mit der Gestik auf und stellt den Gegenstand vor, den er mit in den Urlaub nehmen möchte usw. So wird die Packliste immer länger. Wer kann sich da noch alles merken. Wer als Erstes einen Fehler macht, hat das Spiel verloren.

Das Ziel

Bei allen Spielen bekommt der Verlierer eine Torte auf den Tortentisch gestellt. Das Team, welches zum Schluss die meisten Torten hat (die meisten Spiele verloren hat), muss seine Köpfe durch das Loch in der Tortenwand strecken. Auf ein Kommando werden gleichzeitig alle Torten in die Gesichter der Verlierer geworfen.

Ja oder Nein

Material: evtl. Beweisfotos

Spieler: Moderator, mehrere Rateteams, mehrere Gäste mit einem Geheimnis

Die Vorbereitung

Fünf Spieler (Gäste) überlegen sich aus ihrer Kindheit eine wahre Geschichte, die sie erlebt haben, z.B. „Ich habe im Alter von 2 Jahren die Polizei angerufen und über eine Anrufrückverfolgung stand die Polizei kurze Zeit später vor der Tür."

Die Rateteams, in Form einer Mannschaft oder eines Einzelnen, sitzen in einer Reihe zusammen.

Die Durchführung

Der Gast wird vom Moderator begrüßt. Der Gast umschreibt sein Geheimnis mit einem kurzen Satz. Beispiel oben: „Das war ein schneller Einsatz". Ein Rateteam beginnt mit einer ersten Frage, um das Geheimnis zu lüften. Es dürfen alle Fragen gestellt werden, die mit „Ja" oder „Nein" beantwortet werden können. Kann das Rateteam ein „Ja" als Antwort erzielen, so darf es weiter raten bis es ein „Nein" als Antwort bekommt. Dann hat das nächste Rateteam die Chance. Für das erste „Nein" bekommt der Gast zuerst 5 Punkte auf sein Konto. Bei jedem weiteren „Nein" wird der Betrag verdoppelt. Das Spiel endet, wenn der Gast 2.555 Punkte erspielt hat. Die Rateteams dürfen dann je einen Tipp abgeben, welches Geheimnis sich wohl hinter dem Gast verbirgt. Aber auch schon bevor der Endbetrag erreicht ist, können Tipps abgeben werden. Wer kann das Geheimnis erraten? Der Stargast lüftet anschließend das Geheimnis und zeigt gegebenenfalls ein Foto.

Wetten dass ...?

Material: Gummibärchen und verschiedenes Material

Spieler: Moderator, zwei Mannschaften

Die Vorbereitung

Die Spieler werden in zwei Mannschaften aufgeteilt.

Die Durchführung

Die Spieler einer Mannschaft überlegen sich eine Wette, die die gegnerische Mannschaft erfüllen muss. Eine Wette könnte z.B. so aussehen: „Wir wetten, dass die gegnerische Mannschaft es nicht schafft, eine Menschenpyramide aus mindestens 10 Leuten zu bauen!" Die Mannschaft bekommt je nach Wette zwischen 2–5 Minuten Vorbereitungszeit. Wird die Wette gewonnen, erhält diese Mannschaft einen Punkt. Scheitert die Pyramide, so kann die Mannschaft, die gewettet hat, die Wette selbst einlösen und bei Erfolg einen Punkt für das eigene Konto bekommen. Die Wette muss durchführbar sein, es können also keine unmöglichen Dinge gewettet werden.

Das Ziel

Jede Mannschaft darf mehrere Wetten an die andere Mannschaft stellen. Wer wird der Wettkönig des Abends?

Ruck, Zuck

Material: Begriffe, vier Walkman oder Discman mit Kopfhörer

Spieler: 2 oder mehr Mannschaften à 5 Mitspieler

Die Vorbereitung

Verschiedene Begriffe werden einzeln auf kleine Zettel geschrieben.

Die Durchführung

Die Spieler einer Mannschaft stehen hintereinander. Die ersten vier Spieler setzen die Kopfhörer auf, die sie mit lauter Musik beschallen, so dass sie nicht mehr hören, was um sie herum gesprochen wird. Dem 1. Spieler wird ein Begriff gezeigt. Dieser klopft dem nächsten Spieler auf die Schulter. Er versucht, ihm den Begriff zu umschreiben. Sobald der Spieler den Begriff erraten hat, klopft er dem Nächsten auf die Schulter und versucht den Begriff zu erklären usw. Das Spiel wird gestoppt, wenn Wörter aus einer Umschreibung doppelt benutzt wurden oder die Zeit von 90 Sekunden abgelaufen ist.

Jede Person, die den Begriff erraten hat, erhält für das Mannschaftskonto einen Punkt.

Es kann mehrere Durchgänge geben. Im Finale tritt dann die beste Mannschaft an. Das Finalspiel ist etwas abgewandelt: Vier Spieler einer Mannschaft gehen an die Kopfhörer. Ein Spieler nennt zu einem Oberbegriff fünf Wörter, die er damit in Verbindung bringt.

Dies könnte z.B. wie folgt aussehen:

WALD
- Tiere
- Laub
- Leise
- Spaziergang
- Holzfäller

Die Spieler haben je 20 Sekunden Zeit, so viele Begriffe wie möglich zu nennen. Gelingt es, so haben sie auch das Finale gewonnen und werden zu den „RUCKZUCKER“ des Abends ernannt.

Das Ziel

Welche Mannschaft erklärt ruck zuck die Begriffe?

Nur keine Hemmungen

Material: Begriffe zu mehreren Sachgebieten

Spieler: zwei Mannschaften mit ca. 5–10 Spielern

Die Vorbereitung

Zu einem Sachgebiet wird pro Kärtchen immer ein passender Begriff aufgeschrieben. Pro Sachgebiet gibt es sieben Kärtchen. Je nach der gewünschten Spieldauer sind entsprechend viele Sachgebiete vorzubereiten.

Beispiel: VERKEHR
- Stau
- Reifen
- Straßenbahn
- Fußgängerüberweg
- Unfall
- Überhohlmanöver
- Ampel

Die Durchführung

Ein Mitspieler aus einer Gruppe zieht ein Kärtchen mit einem Themenbereich. Der Spielleiter gibt den Themenbereich bekannt und das Startzeichen erfolgt: „Nur keine Hemmungen". Der Spielleiter zeigt dem Darsteller das erste Wort, dieser versucht den Begriff pantomimisch zu erklären. Er darf dabei also nicht sprechen.

Seine Gruppe hat die Aufgabe den Begriff zu erraten. Ist der Begriff erraten, so erklärt er den 2., 3. usw. Begriff. Nach drei Minuten ertönt ein Signal und die Spielrunde ist vorbei. Jeder erratene Begriff wird mit einem Punkt bewertet.

Die andere Gruppe kommt an die Reihe. Die Person des Darstellers sollte innerhalb der Gruppe wechseln.

Ziel

Wer hat die geringsten Hemmungen?

„Hast Du Worte?"

Material: Begriffe zu mehreren Sachgebieten

Spieler: zwei Mannschaften mit ca. 5–10 Spielern

Die Vorbereitung

Es werden pro Spielrunde immer 9 Sachgebiete mit je 7 Begriffen benötigt. Die Begriffe zu jedem Sachgebiet werden einzeln auf kleine Karten geschrieben. Der Aufbau kann gestalterisch so angegangen werden:

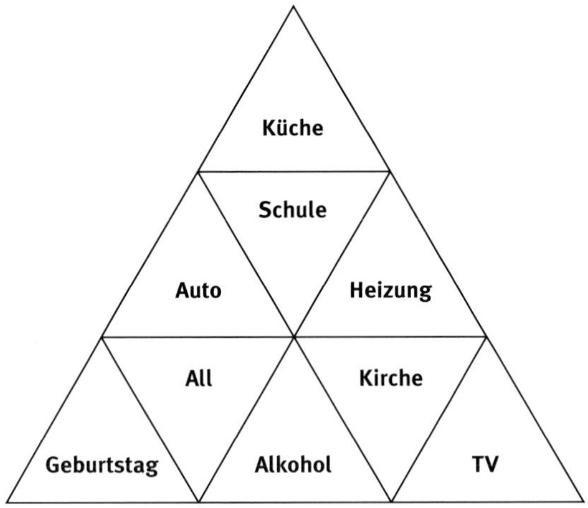

Die Durchführung

Ein Mitspieler einer Mannschaft sucht sich ein Sachgebiet aus. Der Spielleiter zeigt ihm den ersten Begriff. Der Begriff wird umschrieben (ohne Gestik) und muss von der eigenen Mannschaft erraten werden. Sobald der Begriff erraten ist, folgt der Zweite usw. Pro Sachgebiet hat der „Erklärer" je nach Alter 1–2 Minuten Zeit. Danach kommt die andere Mannschaft an die Reihe.

Das Ziel

Welche Mannschaft hat am Ende am besten die Begriffe umschrieben und die meisten Begriffe erraten?

Der 3. Bereich: Offene Angebote

Brettspiele im Menschenformat

„Mensch ärgere Dich nicht" wenn wir „Malefiz", „Mikado" oder „Mühle" auf einer Wiese oder auf der Straße spielen. Es ist etwas Neues und Ungewöhnliches, wenn man die altbekannten Brettspiele nicht auf dem Wohnzimmertisch, sondern draußen spielt. Die hölzernen Spielfiguren werden lebendig.

Die Vorbereitung

- *Das Gelände*
  Man benötigt eine große Wiese oder eine abgesperrte Straße, einen Parkplatz oder eine große Hofeinfahrt. Natürlich geht auch eine Sport- oder Mehrzweckhalle.
- *Die Kennzeichnung*
  Für die Spiele ist eine Kennzeichnung der Spieler notwendig. Hierfür können farbige T-Shirts, Mützen ... verwendet werden. Farbige Gesichter bieten eine billigere Alternative dazu an.

- *Das Material*
  Das Spielfeld wird am besten aus alten Autoreifen aufgebaut, die beim Recyclingunternehmen „ausgeliehen" werden können. Jeder Autoreifen ist ein Spielfeld. Mit bunter Kreide können die Spielfelder auch auf der Straße aufgemalt werden. Dadurch spart man sich die Autoreifen. Bei den meisten Spielen ist ein Würfel notwendig. Aus einem quadratischen Karton (z.B. Fernseherverpackung) entsteht ein super Würfel.

  Da die Spieler nur sehr schlecht mit dem Würfel würfeln können, wird ein „Würfeljunge/mädchen" benötigt.

Folgende Spiele bieten sich an:

· „Mensch ärgere dich nicht!"

Spieler: mind. 2 x 4 Spieler, max. 4 x 4 Spieler, Würfeljunge/mädchen

Material: 65 Autoreifen oder genügend bunte Kreide (5 Farben), Würfel, Erkennungsverkleidung

Die Autoreifen werden wie im Originalspiel ausgelegt. Die Spieler (4er-Gruppen) werden als Mannschaft einheitlich gekennzeichnet. Das Spiel erfolgt nach den normalen Regeln des Brettspiels. Die Koordination, z.B. wer den nächsten Zug macht, muss die Mannschaft durch Zurufen selber klären. Da kann es vorkommen, dass man ziemlich schnell den Überblick verliert.

· MÜHLE

Spieler: 2 x 9 Spieler

Material: 24 Autoreifen, genügend Kreide (eine Farbe), Erkennungsverkleidung

Aus den Autoreifen wird das Spielfeld wie im Originalspiel aufgebaut. Die Verbindungslinien zwischen den Autoreifen werden mit Kreide oder Kreppklebeband gezogen. Die zwei Mannschaften setzen immer abwechselnd einen Spieler in einen Reifen. Wenn der letzte Spieler gesetzt worden ist, kann das Spiel beginnen. Schließt eine Mannschaft eine Mühle, so kann sie sich einen gegnerischen Spieler heraussuchen, der aus dem Spiel herausfliegt. Spieler, die selber eine Mühle bilden (drei Personen in einer Reihe) dürfen nicht entfernt werden. Hat eine Mannschaft nur noch drei Spieler, dürfen diese springen. Das heißt, die Spieler können nicht nur von einem Reifen zum nächsten über die Verbindungslinie springen, sondern sie können in alle freien Reifen springen und so versuchen eine Mühle zu bilden.

· Malefiz

Spieler: mind. 2 x 5, max. 4 x 5 Spieler, Würfeljunge/mädchen

Material: im Original 102 Autoreifen, genügend Kreide, 8 Gegenstände (Blockade), Würfel

Das Spiel kann durch die Reduzierung der Anzahl der Reifen verkleinert werden. Wie bei den beiden anderen Spielen wird der Spielplan mit den Autoreifen wie im Originalspiel aufgebaut. Mit Kreide werden die Verbindungslinien aufgemalt. Die Blockadesteine werden z.B. durch Leuchtkegel, Holzklötze oder andere Gegenstände dargestellt. Diese Blockadesteine werden in die Reifen gestellt. Das Spiel beginnt. Reihum wird gewürfelt. Bei einer „5“ kann ein Spieler beginnen. Das Ziel des Spieles ist es, dass ein Spieler in das obere Ziel gelangt. Über die Blockadesteine kann er nicht hinwegziehen. Trifft er genau auf einen Blockadestein kann er in das blockierte Feld ziehen und den Blockadestein einem Gegenspieler in den Weg stellen. Der Blockadestein darf dabei aber nicht in die ersten beiden Reihen gesetzt werden. Trifft ein Spieler auf einen Gegenspieler, so muss dieser an den Start zurück.

· Mikado

Spieler mind. 2, max. 5

Material: ca. 2–2,5 m lange Bohnenstangen (Stamm eines Tannenbaums, Durchmesser unten ca. 5–10 cm spitz zulaufend), Farbe

Die Mikadostäbe werden an den beiden Enden angemalt. Bei 20 Mikadostämmen gibt es folgende Aufteilung:

1 Mikado mit blauen Streifen	= 50 Punkte
5 Mikado mit roten, grünen, blauen Streifen	= 20 Punkte
6 Mikado mit gelben, roten Streifen	= 10 Punkte
8 Mikado mit roten Streifen	= 5 Punkte

Die Anzahl der Mikados und deren farbliche Kennzeichnung und Bewertung kann auch verändert werden.

Alle Mikados werden zu einem Bündel zusammengehalten und auf ein Kommando losgelassen. Der Reihe nach versucht jeder Spieler einen Mikadostab aus dem Haufen zu ziehen, zu heben etc., ohne dass die anderen Stäbe dabei wackeln. Der Spieler darf so lange weitermachen, bis er Stäbe zur Bewegung bringt. Dann ist der nächste Spieler an der Reihe. Gewonnen hat der Spieler, der am Schluss die meisten Punkte gesammelt hat.

Diese „Brettspiele im Menschenformat“ können beliebig ergänzt, gekürzt oder verändert werden. Auch andere Brettspiele können nach dem selben Prinzip gespielt werden.

Sinnesdusche

„Es läuft mir kalt den Rücken runter.", „Da bekomme ich eine Gänsehaut." oder „Da stellen sich mir die Haare zu Berge." – dies sind Sätze, die schon jeder von uns oft gesagt und gehört hat. Die Situationen, in denen man z.B. eine Gänsehaut bekommt, sind meistens unangenehm. Die Sinnesfähigkeit spielt hier eine ganz entscheidende Rolle. Die fünf Sinne können aber auch in vielen Situationen als angenehm und schön wahrgenommen werden. Die Sinnesdusche versucht einige der Sinne von Kinder und Jugendlichen anzusprechen.

Vorbereitung

Für den Aufbau einer Sinnesdusche wird ein dunkler Raum benötigt. Mit einer Augenbinde kann man diesen Effekt auch bei Tageslicht erzeugen. Allerdings kann der Geruchssinn dadurch behindert werden. Es empfiehlt sich daher, einen Innenraum abzudunkeln. Die Gestaltung der Sinnesdusche kann ganz individuell angegangen werden. Es gibt hierfür mehrere Vorschläge:

Der Tastsinn

Auf dem Boden werden verschiedene Materialien hintereinander ausgelegt. Die Materialien füllen ca. 1 m lange Felder aus. Folgende Materialien eignen sich hierfür ganz besonders:

- Kunstrasenteppich
- Korken
- Stroh/Heu
- Moos
- Matsch
- Sand
- Torf
- Federn
- Fell
- Hobelspäne

Die unterschiedlichen Materialien können gegensätzlich angeordnet werden. So kann z.B. mit einem Material begonnen werden, welches sich eher hart anfühlt. Daraufhin folgt ein weiches und eher schön anfühlendes Material. Dadurch wird der Tastsinn besonders stark angesprochen.

Von der Decke des Raumes können verschiedene Materialien auf den Benutzer der Sinnesdusche einwirken. Dafür eignen sich:

- Streifen aus Alufolie
- Wollfäden
- Stoffstreifen

Der Geruchssinn

Der Geruchssinn, wird von uns Menschen selten ganz bewusst wahrgenommen. Bei der Sinnesdusche kann man mit verschiedenen Duftstoffen den Geruchsinn gezielt ansprechen. Folgende Materialien bieten sich hierfür an:

- parfümierte Stoffe
- Duftlämpchen (Achtung: Brandgefahr)
- Räucherstäbchen
- natürliche Duftstoffe (z.B. Rosenblütenblätter)

Der Gehörsinn

Der Gehörsinn kann in der Sinnesdusche ebenfalls sensibilisiert werden. Entsprechende Geräusche unterstützen die Wahrnehmung der anderen Sinne. So wird das Gefühl z.B. durch den Matsch zu gehen durch entsprechende Geräusche unterstrichen. Durch ein gruseliges Geräusch läßt sich das Spinnennetz aus Wollfäden noch intensiver wahrnehmen. Diese Geräusche können mit einfachen Instrumenten „live" erzeugt werden oder zuvor auf Kassette aufgenommen werden. Eine CD mit Meditationsmusik bildet eine einfachere Variante und erfüllt den Zweck fast genauso gut.

Die Durchführung

Die Besucher der Sinnesdusche treten barfuß und evtl. mit verbunden Augen einzeln in die Sinnesdusche ein. Die Personen werden mit großem Abstand eingelassen. Jeder Besucher geht so langsam wie er möchte durch die Sinnesdusche. Am Ende der Sinnesdusche wird er wieder empfangen und zum Ausgang gebracht. Wichtig ist hier, dass die Besucher nicht reden. Sie sollen ihre Gefühle und Sinneseindrücke ganz bewußt wahrnehmen können. Ein zweiter Durchgang kann selbstverständlich auch durchgeführt werden.

Labyrinth

Ein Labyrinth fasziniert und begeistert Kinder immer wieder aufs Neue. Auch bei einem Spielprojekt darf ein Labyrinth der Spitzenklasse nicht fehlen. Das Labyrinth kann in unterschiedlicher Weise aufgebaut werden. Mit Stroh oder Heuballen können die Irrwege sehr gut abgetrennt werden. Das Labyrinth wird auf einer großen Fläche drinnen oder draußen angelegt. Es gibt aber auch weniger aufwendige Möglichkeiten: Mit ca. 1 m hohen Holzlatten wird das Grundgerüst aufgebaut. Eine Schnur verbindet die Pfosten und darüber werden die Stoffbahnen gelegt. Diese Möglichkeit ist zwar einfach, die Pfosten, die in den Rasen geschlagen wurden, fallen aber sehr schnell um oder die Stoffbahnen fallen herunter.

In einem versteckten Winkel des Labyrinths kann ein Strohhaufen mit Bonbons, die in goldenem Zellophanpapier eingewickelt sind, den Schatz darstellen. Die Kinder müssen versuchen den Schatz zu entdecken.

Schminkecke

In der Schminkecke werden Kindergesichter in schaurige, freudige oder tierische Gesichter verwandelt. Clowns, Piraten, Löwen, Spinnen oder andere Figuren spiegeln sich in den Kindergesichtern wider. Das Schminken bekommt eine besonders wichtige Bedeutung, wenn das Spielprojekt unter einem Thema steht, wie z.B. das „Piratenschiff" oder das „Zirkusfestival". Aber auch ohne ein bestimmtes Thema lassen sich Kinder gerne Schminken.

Verkleidungsecke

Ein gefährlicher Tiger oder ein lachender Clown benötigen noch die entsprechende Verkleidung. Neben verschiedenen Stoffen genügen einfache Hilfsmittel wie Sicherheitsnadel, Scheren, Schnüre und Klebstoff, um eine kindgerechte und kreative Verkleidung herzustellen. Je nach Entwicklungsstand der Kinder kommen sie auch schon mit 9 oder 10 Jahren ohne fremde Hilfe zurecht. Wie der Schminkecke kommt auch der Verkleidungsecke bei Spielprojekten mit einem Thema eine besondere Bedeutung zu.

Straßenmalerei

Mit der selbst gebastelten Kreide (siehe Workshops, Seite 58) oder mit gekaufter Kreide können Straßengemälde entstehen. Bei Spielprojekten mit einem Thema können die Kinder passend zum Thema Bilder malen. Die Straßenmalerei kann auch im Rahmen eines Künstlerwettbewerbs stattfinden. So werden die Gemälde anschließend von einer Kinderjury bewertet.

Bierkisten stapeln

Material: ca. 15–30 leere Bierkisten, komplette Kletterausrüstung (Kletterseil, Karabiner, Abseilachter, Helm und mehrere Sitzgurte), ein geeigneter Baum oder ein Gerüstaufbau

Der Bierkistenstapelwettbewerb wird Kinder, Jugendliche aber auch Erwachsene begeistern. ACHTUNG: Für die Durchführung eines derartigen Wettbewerbs sind Kenntnisse über Klettern sowie Sicherungstechniken notwendig. Für Laien ist dieses Angebot nicht zu empfehlen.

Der Aufbau

Für den Wettbewerb wird ein Baum mit einem starken, weit auslagernden Ast oder ein Gerüst benötigt. Die Sicherheit steht bei diesem Angebot an oberster Stelle. Der Ast des Baumes muss so stark sein, dass er weit mehr als das Gewicht eines Teilnehmers aushalten kann. Ansonsten empfiehlt sich ein fest verankertes Klettergerüst.

Der Karabiner wird mit einer Doppelschlinge am Ast oder Querbalken befestigt. Das Seil wird durch den Karabiner gezogen und ein zweiter Karabiner wird am Anfang des

Seils mit einem speziellen Knoten verbunden. Der Karabiner wird am Klettergurt befestigt. Auch dieses Seil wird über einen fixen Punkt gesichert. Das Seil dient nur zur Sicherung. Ich weise noch einmal ausdrücklich darauf hin, dass für die Durchführung Kenntnisse in Seil- und Sicherungstechniken notwendig sind.

Die Durchführung

Der „Kletterer“ steigt in den Sitzgurt und wird am Karabiner befestigt. Der Spieler hat die Aufgabe, die erste Bierkiste mit dem Unterteil nach oben genau unter dem Karabiner aufzustellen. Der Spielleiter reicht ihm die 2. Kiste. Ab jetzt bleibt es dem „Kletterer“ überlassen, wie er sich auf den Kisten halten kann. Er muss versuchen eine Kiste nach der anderen aufzustapeln, um immer höher zu gelangen.

Der „Kletterer“ wird durch das Sicherungsseil ständig auf Zug gesichert, so dass er beim Einsturz des Turms bequem im Sitzgurt abgeseilt werden kann.

TIPP: Steht der Spieler in den Öffnungen der Tragegriffe und beugt seinen Oberkörper möglichst weit über die Kisten, so hat er gute Chancen, einen Turm mit bis zu 30 Kisten aufzubauen.

Das Ziel

Wer baut den höchsten Turm?

Das schöne bei diesem Wettbewerb in luftiger Höhe ist, dass weder das Alter noch die Größe für den Erfolg ausschlaggebend sind.

Menschenkicker

Material: abgeschliffene Dachlatten, Schrauben, Akkubohrer, Stoffstreifen, Fußball, Absperrgitter, zwei Tore

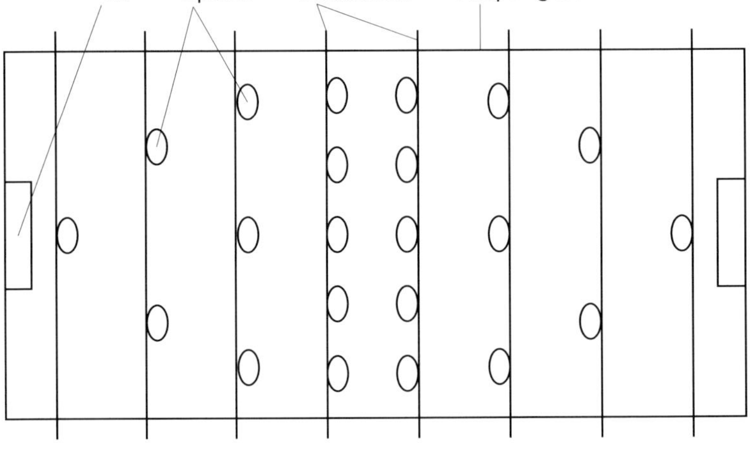

Der Fußballkasten spielt für viele Jugendliche eine große Bedeutung. Doch wer hat sich schon einmal in die Rolle der Spielfiguren hineinversetzt, die sich an einer Stange gleichzeitig bewegen. Der Menschenkicker ermöglicht ein etwas anderes Spiel im Fußballkasten.

Die Absperrgitter werden im Rechteck aufgestellt. Die Dachlatten werden zusammengeschraubt und mit den Enden auf die Gitter gelegt. Die Tore und die Spieler werden aufgestellt (siehe Zeichnung). Die Arme werden rechts und links mit Stoffbändern locker an die Dachlatten gebunden.

Das Spiel kann beginnen. Die Spieler müssen sehr auf der Hut sein, damit sie sich überhaupt bewegen können. Ein großer Vorteil hat dieser Menschenkicker im Vergleich zum normalen Fußball: Es kann kein Foul geben. Dieses Spiel bereitet den Fußballspielern im Kasten viel Spaß.

Spiele und Methoden für Projekte

Die nun folgende Auflistung der verschiedensten Spiele und Methoden kann zur Gestaltung der wöchentlichen Gruppenstunden, zur Gestaltung von Freizeiten und für Projekte jeglicher Art verwendet werden. Spiele lockern die Teilnehmer und das Programm auf. Die Auswahl der Spiele bleibt jedem Leiter überlassen, so dass ein ganz individuell zusammengestelltes Programm entstehen kann. Die Spiele und Methoden wurden in unterschiedliche Bereiche eingeordnet.

Spiele und Methoden für das erste Kennenlernen

Die schlaue Susi

Material: –

Spieler: max. 20 Spieler

Die Spieler sitzen im Kreis. Einer beginnt mit seiner Vorstellung, indem er sich ein Adjektiv zu seinem Namen überlegt, das mit dem gleichen Anfangsbuchstaben beginnt (schlaue Susi). Der Spieler steht auf und stellt sich wie folgt vor: „Ich bin der tröstende Thomas und komme aus ... und esse gerne Tomaten“. Nachdem sich der Spieler wieder gesetzt hat, steht sein Nachbar auf und wiederholt: „Das war der tröstende Thomas ... und ich bin die schlaue Susi und komme ... Dieser Satz wird vom Nächsten wiederholt, der noch seine eigene Vorstellung dranhängt. Um den Bandwurmsatz nicht zu lang werden zu lassen, werden dann immer nur noch die drei letzten Personen vorgestellt.

Ich sitze im Grünen

Material: –

Spieler: mind. 5, max. unbegrenzt

Die Spieler sitzen im Stuhlkreis. Ein Stuhl ist frei. Ein Spieler neben dem freien Stuhl rückt auf diesen herüber und sagt laut: „Ich sitze“. Der nächste rückt nach mit den Worten: „ im Grünen“. Auch der Dritte rutscht auf und fügt an: „und denke“, der Vierte rutscht auf den leeren Stuhl mit den Worten: „ganz heimlich“. Der Fünfte rückt ebenfalls auf und sagt „an ... (Name eines Spielers)“. Daraufhin springt der aufgerufene Spieler auf und begibt sich zu dem freien Stuhl. Sein Stuhl wird dadurch frei. Die Spieler links oder rechts davon, springen auf den frei gewordenen Stuhl mit den Worten „ Ich sitze“. Wer zuerst sitzt, bleibt sitzen, dadurch kann es zu einem Richtungswechsel kommen. Alles geht von Vorne los. Das Spiel muss schnell gespielt werden.

Der rechte Platz

Material: –

Spieler: mind. 10, max. unbegrenzt

Die Spieler sitzen im Stuhlkreis. Ein Stuhl ist frei. Der Spieler, der links neben dem Stuhl sitzt, sagt:„Mein rechter, rechter Platz ist leer, ich wünsche mir den ...“ Der aufgerufene Spieler antwortet: „Als was soll ich kommen.“ Der Spieler antwortet dann z.B.: „Als Krokodil.“ Der Aufgerufene kommt als „Krokodil“ (schlängelt sich auf dem Boden) zum leeren Platz. Der Spieler, der links neben dem frei gewordenen Stuhl sitzt, beginnt mit dem Satz: „Mein rechter, rechter Platz ist leer ...“ Dieses Spiel darf nicht zu langsam gespielt werden.

Sekundenspiel

Material: großer undurchsichtiger Vorhang oder großer Stoffstreifen

Spieler: mind.10, max. 40

Das Sekundenspiel eignet sich nur, wenn die Spieler die Namen der anderen Mitspieler schon gehört haben oder als 2. Spiel in einer Kennlernrunde.

Die Spieler werden in zwei gleich große Mannschaften aufgeteilt. Die Spieler setzten sich als Gruppe auf den Boden. Zwischen den beiden Gruppen wird ein großer Vorhang gespannt, so dass sich die Spieler innerhalb der Gruppe sehn, die der anderen Gruppe aber nicht.

Pro Gruppe gibt es einen Spielleiter, der still auf einen Spieler seiner Gruppe zeigt. Auf ein Kommando stehen beide Spieler auf und stehen sich so gegenüber. Wer weiß als erstes den Namen seines Gegners? Der langsamere Spieler muss auf die andere Seite. Welche Gruppe hat als erstes alle Spieler auf der eigenen Seite?

Das Spiel kann sich etwas in die Länge ziehen und muss gegebenenfalls zeitlich begrenzt werden.

Schlag auf Schlag

Material: ein Stuhl ohne Lehne oder eine umgedrehte leere Getränkekiste, Schlagstock (zusammengerollte Zeitung wird mit Klebeband umwickelt)

Spieler: mind. 10, max. 30

Alle Spieler sitzen im Kreis, in dessen Mitte ein Stuhl ohne Lehne steht. Der ca. 40–60 cm lange „Knüppel" liegt darauf. Ein Freiwilliger nimmt den „Knüppel" in die Hand. Der Spielleiter nennt einen Namen und der „Schläger" muss versuchen den gerade Aufgerufenen leicht auf den Oberschenkel zu schlagen, ehe dieser einen anderen Namen gerufen hat. Gelingt es dem Freiwilligen, einen Spieler unter diesen Bedingungen zu treffen, steht der „Geschlagene" auf. Der Freiwillige sagt einen Namen eines Mitspielers, bevor er sich hinsetzt. Setzt er sich zuerst hin, ohne einen Namen gesagt zu haben, ist er schon wieder an der Reihe.

Ein ziemlich schnelles Spiel, das bei allen Altersgruppen gut ankommt. Der Spielleiter muss darauf achten, dass nicht zu fest zugeschlagen wird.

Variante: Wenn sich die Spieler schon kennen, können anstatt der eigenen Namen z.B. auch Tiernamen verwendet werden.

Ballonnamen

Material: ein Ballon pro Spieler, Musik, genügend Filzstifte (wasserfest)

Spieler: mind. 5, max. unbegrenzt

Jeder Spieler erhält einen Ballon, den er aufbläst und verknotet. Die Filzstifte werden an alle ausgegeben und jeder schreibt seinen Namen auf einen Ballon. Es sollte aus zeitlichen Gründen mind. jeder 2. Spieler einen Filzstift in der Hand halten. Die Musik beginnt (z.B. Nena „99 Luftballons") und alle Luftballons werden nach oben geworfen. Die Spieler bewegen sich zur Musik und kein Luftballon darf den Boden berühren. Die Musik stoppt und jeder Spieler schnappt sich einen Ballon und versucht denjenigen zu finden, dem dieser Ballon gehört. Der Spielleiter stellt den Spielern eine Frage: „Woher kommt der Partner?" und die Antwort wird auf dem Ballon notiert. Die Musik setzt wieder ein und die Ballons werden nach oben geworfen. Der Spielleiter kann ganz nach belieben diesen Vorgang wiederholen. Fragen nach Hobbys, Schuhgröße, Geschwistern ... können gestellt werden.

Sind genügend Informationen zusammengekommen, macht der Spielleiter die Musik zum letzten Mal aus und sagt: „Jeder behält den Ballon, den er gerade in den Händen hält und setzt sich in den Kreis." Im Kreis stellt jeder seinen Partner anhand der Informationen auf dem Ballon vor. Die Ballons können dann dem Besitzer übergeben werden oder an einer Wand aufgehängt werden.

Kreuzworträtsel

Material: großes weißes Leintuch, je nach Anzahl der Spieler evtl. auch mehrere zusammengenäht, wasserfeste Farbe (z.B. Dispersionsfarbe), Pinsel

Spieler: mind. 10, max. unbegrenzt

Diese Methode kann über einen längeren Zeitraumes angewendet werden. Es können immer nur ein oder zwei Personen gleichzeitig mitmachen.

Der Spielleiter schreibt seinen Namen mit Großbuchstaben auf das Leintuch (links oben). Der Nächste reiht seinen Namen an einem Buchstaben an (Kreuzworträtselprinzip). Über den Verlauf des Tages schreiben alle Teilnehmer ihren Namen auf das Tuch. So entsteht eine Anwesenheitsliste, die man dann über der Straße oder an einer Hauswand aufhängen kann.

Wantedspiel

Material: ein Blatt Papier und schwarzer Stift pro Teilnehmer

Spieler: mind. 10, max. unbegrenzt

Die Teilnehmer bilden Paare, wobei sich die Partner nicht kennen sollten. Die 2er-Gruppen haben die Aufgaben, sich zu befragen und die Ergebnisse über Größe, Haarfarbe ... auf dem Blatt festzuhalten. Das stellt eine Täterbeschreibung dar und auf jeder befindet sich natürlich auch ein Phantombild. Der Steckbrief kann auch noch weiter gestaltet werden (Belohnung, WANTED ...).

Nach ca. 20–30 Minuten setzen sich wieder alle in den Kreis und stellen den Steckbrief vor. Die anderen Teilnehmer erraten, welche Person auf die Beschreibung passt?

Moderne Kunst

Material: Blatt Papier mit einem etwas größeren Karton unterlegt und ein schwarzer Stift pro Teilnehmer

Spieler: mind. 10, max. unbegrenzt

Die Spieler gehen in 2er-Gruppen zusammen. Einer beginnt, indem er mit der linken Hand das Papier auf seiner Brust festhält. Der Partner steht gegenüber. Mit der rechten Hand malt er das Gesicht des Gegenübers auf das Papier, ohne darauf zu schauen. Nach dem Partnerwechsel werden die Portraits mit Namen versehen. Es schließt sich ein kleines Interview der Beiden an. Im Stuhlkreis stellt jeder seinen Partner mit Portrait und den Merkmalen vor. Wildes Gelächter ist schon vorprogrammiert.

Achtung: Der Karton unter dem eigentlichen Blatt dient nur zum Schutz der Kleidung.

Vulkanspiele

Material: Ball

Spieler: mind.10, max. 25

Der Spielleiter steht mit einem Ball in der Hand in der Mitte des Platzes, umringt von allen Mitspielern. Er wirft den Ball in die Höhe und nennt dazu einen Namen eines Mitspielers. Sobald der Ball in der Luft ist, fliehen die Spieler in alle Himmelsrichtungen, so weit wie nur möglich. Der Spieler, der aufgerufen wurde, versucht den Ball zu fangen. Hat er den Ball in seinen Händen, schreit er „STOPP“ und alle bleiben sofort stehen. Mit drei großen Schritten springt der Spieler mit dem Ball in den Händen in Richtung des nächstgelegenen Spielers und versucht diesen mit dem Ball abzuwerfen. Gelingt es, so ist dieser Spieler der neue Vulkan. Gelingt es nicht, so gibt es einen 2. Vulkanausbruch.

Aperitifspiele

Aperitifspiele sind Spiele von kurzer Dauer und einfacher Gestalt. Sie eignen sich besonders zur Auflockerung während eines Programms, vor oder nach einer Mahlzeit oder als eine Station bei einem Gruppenleiterpostenlauf (siehe GRULEIPOLA, Seite 26). Die Aperitifspiele können aber z.B. auch zusammen als Olympiade verpackt gespielt werden.

Geldringe

Material: Karton, Filzstifte und mehrere Geldstücke

Spieler: mind. 2, max. 20

Auf einem Karton sind mehrere Kreise in verschiedenen Größen aufgemalt. Umso größer der Kreis, desto niedriger die Punktzahl. Der kleinste Kreis erhält die höchste Punktzahl. Die Punktzahl wird in den Kreis geschrieben. Jeder Spieler erhält drei Geldstücke und versucht aus ca. 3–5 m Entfernung die Kreise mit einem Geldstück zu treffen. Wie geworfen wird, bleibt dem Spieler selbst überlassen. Das Spiel kann als Einzelwettkampf oder als Mannschaftswettkampf gespielt werden.

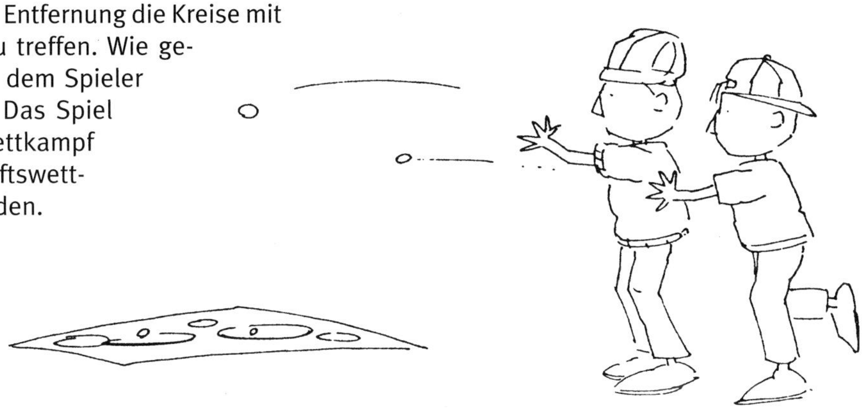

Kegeln

Material: neun Kegel oder Plastikflaschen mit etwas Wasser gefüllt, kleiner Ball

Spieler: mind. 2, max. 20

Die Kegel werden in ca. 10 m Entfernung aufgestellt. Es wird im Einzel- oder Mannschaftswettkampf gekegelt.

Wurfspiel

Material: drei kleine Wurfsäckchen mit Reis gefüllt oder andere Gegenstände, eine kleine Schüssel

Spieler: mind. 2, max. 20.

Der Spielleiter steht mit den Säckchen in der Hand mit dem Rücken zu den Spieler. Der 1. Spieler steht ca. 7 m hinter dem Spielleiter mit dem Gesicht zum Spielleiter. Der Spielleiter wirft das erste Säckchen nach hinten über die Schulter. Der Spieler muss versuchen, das Säckchen mit der Schüssel aufzufangen. Die Schwierigkeit besteht darin, dass der Spielleiter einen kurzen oder weiten Wurf machen kann, was eine schnelle Reaktion erfordert. Auch dieses Spiel ist als Einzel- oder Wettkampfspiel spielbar.

Hut auf

Material: mehrere verschiedene Hüte oder Mützen, ein Kleiderständer oder ein ähnlicher Gegenstand

Spieler: mind. 2, max. 20

Die Spieler versuchen die unterschiedlichen Hüte und Mützen auf den Kleiderständer zu werfen. Jeder Hut, der auf dem Kleiderständer hängen bleibt, gibt einen Punkt. Auch dieses Spiel kann als Einzel- oder Mannschaftsspiel gespielt werden.

Artistenspiel

Material: zwei 2–3 m lange dicke Paketschnüre, mehrere Tischtennisbälle, einen Eimer

Spieler: mind. 2, max. 20

Die beiden Schnüre werden im Abstand von 1,5 cm an einem 1 m hohen Pfosten nebeneinander befestigt. Unter dem Knotenpunkt befindet sich ein leerer Eimer. Die beiden anderen Enden werden vom Spieler in beide Hände genommen. Der Spieler strafft die Schnüre und der Spielleiter legt einen Tischtennisball darauf. Der Spieler hat nun die Aufgabe, die Schnüre unter einer stetigen Spannung zu halten und leicht anzuheben, so dass der Ball wie auf zwei Schienen zum Pfosten laufen kann. Der Spieler hat das Ziel erreicht, wenn der Ball durch das Vergrößern des Abstandes der beiden Schnüre am Ende in den Eimer fällt.

Anschuggerle

Unter einem „Anschuggerle“ versteht man ein Spiel von kurzer Dauer und mit geringen Materialanforderungen. Diese Spiele eignen sich, um die Teilnehmer von Projekten, Seminaren oder anderen Aktivitäten in Schwung zu bringen. Die Konzentration wird dadurch erhöht und Hemmungen können abgebaut werden.

„Anschuggerle“ können auch zu Beginn und zum Abschluss der Gruppenstunde eingesetzt werden. Hier setzt das Anschuggerle somit das wichtige Zeichen der Struktur in einer Gruppenstunde. Die Gruppenkinder werden sich nach kurzer Zeit an diese Methode gewöhnen und sich schon darauf freuen.

Total verknotet

Material: –

Spieler: mind. 15, max. fast unbegrenzt

Die Spieler stehen im Kreis und schließen die Augen. Auf ein Kommando gehen alle langsam mit ausgestreckten Armen auf die Mitte des Kreises zu. Berühren die Hände fremde Hände, so werden diese festgehalten. Sobald beide Hände je eine Partnerhand gefunden haben, werden die Augen wieder geöffnet. Durch geschickte Drehungen und Veränderungen der Stellung soll der entstandene Knoten gelöst werden. Wichtig ist aber, dass sich die Hände dabei auf keinen Fall loslassen.

Schuhsalat

Material: pro Spieler ein Paar Schuhe (Hausschuhe)

Spieler: mind. 15, max. unbegrenzt

Jeder Mitspieler zieht seine Schuhe aus und wirft diese auf den Schuhhaufen in der Mitte des Kreises. Auf ein Startkommando stürmen alle Spieler in die Mitte und jeder schnappt sich willkürlich zwei Schuhe. Es muss versucht werden, beide Schuhe anzuziehen. Der Spieler sucht nun den momentanen Besitzer, der zu einem seiner Schuhe gehört. Das Ziel besteht darin, dass alle Schuhe wieder paarweise geordnet an verschiedenen Füßen nebeneinander stehen.

Hinweis: Bei diesem Spiel kann es vorkommen, dass sich Teilnehmer schämen die Schuhe auszuziehen, weil sie z.B. ein Loch im Socken haben. Wenn möglich, sollte dieses Spiel zuvor angekündigt werden. Hausschuhe eignen sich dafür übrigens am Besten.

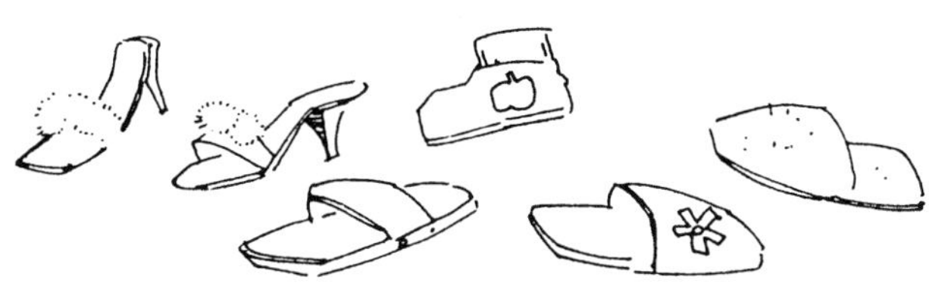

Pferderennen

Material: –

Spieler: mind. 10, max. unbegrenzt

Eng im Kreis kniend versammeln sich die Pferde (Spieler) nebeneinander. Die Pferde stehen aufgereiht hinter der Startlinie bei einem großen Pferderennen. Der Moderator gibt den Startschuss und die Pferde traben los (mit den Händen auf den Boden klopfen). Auf der Rennstrecke haben die Pferde einige Hindernisse zu bewältigen:

- Wassergraben = Hände nach oben
- Doppelwassergraben = 2 x Hände nach oben
- Hürde = Hände nach oben und im großen Bogen nach vorne wieder runter
- Doppelhürde = 2 x Hände nach oben und im großen Bogen ...
- Fotograf = Kopf heben und lächeln und mit der rechten Hand winken
- Kurve (rechts) = auf die rechte Seite lehnen
- Kurve (links) = nach links lehnen

Der Moderator, der die Befehle in unterschiedlicher Anzahl und Reihenfolge gibt, achtet darauf, dass die Pferde immer weiter laufen. In der Schlussgerade steigert er das Tempo, bis die Pferde im Ziel sind.

Donauwelle

Material: –

Spieler: mind. 10, max. unbegrenzt

Die Spieler sitzen im Kreis, ein Stuhl bleibt dazwischen unbesetzt. Der Kreis ist eine große Welle der Donau. Eine derartige Welle entsteht, wenn die Spieler schnell auf den freien Stuhl aufrücken. Die Welle bewegt sich in die Richtung, die der Kapitän (Freiwilliger in der Mitte des Kreises) bekannt gibt. Die Welle setzt sich blitzschnell in Bewegung. Sagt der Kapitän z.B. „Rechts", so setzt sich der Spieler, der links neben dem leeren Platz sitzt, auf diesen unbesetzten Stuhl. Der nächste Spieler rückt auf usw. Der Kapitän kann die Richtung beliebig oft wechseln. Er versucht dabei aber, sich auf einen frei gewordenen Platz zu drücken, ehe dieser von der Welle verschlungen wird. Gelingt es, so ist der Spieler, welcher auf den freien Stuhl hätte rücken müssen, an der Reihe.

Tischschlag

Material: –

Spieler: mind. 7, max. 20

Die Spieler sitzen um einen Tisch und legen beide Hände flach auf die Tischplatte. Die rechte Hand wird über die linke Hand des rechten Nebensitzers abgelegt. Der Spielleiter beginnt und schlägt mit der flachen Hand kurz, aber relativ laut auf den Tisch. Im Uhrzeigersinn schlagen die entsprechenden Hände auf den Tisch. Ein kurzer Doppelschlag gibt das Zeichen für den Richtungswechsel. Das Spiel wird sehr schnell gespielt und so kommt es vor, dass falsch geklopft wird. Die Hand, die falsch geklopft hat, wird zurückgezogen. Wer kann als längster seine Hände auf dem Tisch halten?

Grummel

Material: –

Spieler: mind. 7, max. 15

Die Spieler sitzen um einen Tisch, ein Freiwilliger steht an einer Seite des Tisches. Die Spieler reichen sich, mit den Händen unter dem Tisch, ein 5-Mark-Stück weiter und sagen dabei: „Grummel, grummel, grummel ..." Der Freiwillige muss herausfinden, wer das Geldstück hat, indem er verschiedene Befehle ausprobiert:

- Jimmi Hendrix – alle Spieler spielen Gitarre (mit beiden Händen)
- John Wayne – beide Hände werden wie Revolver auf den Tisch gestellt
- Flach – die Hände werden flach auf den Tisch geschlagen
- Bock – die Finger von beiden Händen werden zu einer Spitze geformt und senkrecht nebeneinander auf die Tischplatte gestellt (2 Böcke)
- Doppelbock – die beiden einzelnen Böcke werden aufeinander gestellt

Sobald der Freiwillige einen Befehl ausspricht, stellen die Spieler diesen wie oben beschrieben dar. Derjenige der zu dieser Zeit gerade das 5-Mark-Stück in einer Hand hält, versucht mit dem Geldstück die Figur darzustellen, ohne dass der Freiwillige merkt, dass er das Geldstück hat. Der Freiwillige kann drei Befehle hintereinander abgeben, dann muss er seinen Tipp bekannt geben.

Zügle

Material: –

Spieler: mind. 7 Spieler, max. 20

Die Spieler sitzen im Kreis und stellen sich vor, dass jeder Spieler ein Bahnübergang sei. Die Bahnschranken werden durch die beiden Zeigefinger dargestellt. Der Zug fährt beim Spielleiter in den Kreis ein. Der Spielleiter läßt die Schranken (Zeigefinger) mit folgendem Geräusch herunter (ding, ding, ding ...). Der Zug kommt an und passiert den Bahnübergang mit dem folgenden Geräusch (tschtschtsch ...). Nachdem der Zug den ersten Bahnübergang passiert hat, gehen die beiden Schranken wieder nach oben (dong, dong, dong ...). Der Zug fährt weiter zum nächsten Bahnübergang (Mitspieler). Dieser hat schon seine Schranken heruntergelassen, als der Zug noch beim Spielleiter durch dessen Bahnübergang gefahren ist. So fährt der Zug im Kreis herum, ohne auf einen offenen Bahnübergang zu treffen. Dabei darf auf keinen Fall das durchgängige Zuggeräusch vergessen werden.

Das Spiel kann noch erschwert werden, indem man noch weitere Elemente hinzufügt. So z.B. ein Auto, das beim Herunterlassen der Schranke laut bremst und wieder anfährt, sobald die Schranke sich wieder öffnet.

Hexenschuss

Material: Streichhölzer

Spieler: mind. 7, max. 20

Jeder Spieler erhält ein Streichholz. Der Kopf des Streichholzes wird abgebrochen. Die Spieler stellen das Streichholz zwischen die vorderen, oberen und unteren Schneidezähne, so dass eine Mundsperre entsteht.

Mit dem Streichholz im Mund beginnt ein Kreisspieler und sagt zu seinem Nachbar: „Meine Oma ist krank!“ Dieser fragt nach: „Was hat sie denn?“ Er bekommt als Antwort: „Hexenschuss“ Daraufhin wendet sich der 2. Spieler zum nächsten und sagt: „Meine Oma ist krank!“ Der Nachbar fragt: „Was hat sie denn?“ Doch er weiß es nicht mehr und fragt deshalb noch einmal beim Spielleiter nach: „Was hat sie denn?“ Antwort: „Hexenschuss“ Er gibt die Antwort weiter und der 3. Spieler beginnt in gleicher Weise: „Meine Oma ist krank!“ ...

Pinguinspiel

Material: stabile Stühle

Spieler: mind. 10 Spieler, max. unbegrenzt

Jeder Spieler nimmt sich einen Stuhl und stellt diesen in die Mitte des Raumes. Jeder Stuhl stellt ein Stück einer großen Eisscholle dar. Die zusammengestellten Stühle ergeben eine große Eisscholle. Jeder Pinguin (Spieler) stellt sich auf einen Stuhl. Die Sonne (ein Freiwilliger) umkreist die Eisscholle und läßt das Eis der Scholle schmelzen, indem er immer wieder einen Stuhl wegnimmt. Die Pinguine versuchen sich zu retten, indem sie zu einem anderen Pinguin flüchten. Wann platzt die Scholle? Welche Pinguine überleben auf dem letzten Stuhl?

Schmetterlingsspiel

Material: –

Spieler: mind. 10 Spieler, max. unbegrenzt

Die Spieler gehen zu zweit zusammen und verteilen sich im Raum. Eine Katze (Spieler) versucht eine Maus (Spieler) zu fangen. Die Maus kann sich vor der Katze retten, indem sie sich rechts oder links neben eine 2er-Gruppe stellt. Dadurch verändern sich die Rollen. Der Spieler der 2er-Gruppe, bei der sich die Maus in Sicherheit gebracht hat, der auf der Außenseite steht, ist nun die Katze und muss die Maus fangen.

Maus  Dieser Spieler wird dann zur **Katze**

Die Katze wurde zur Maus. Fängt die Katze die Maus so werden die Rollen wieder vertauscht, denn die Maus wird zur Katze und die Katze zur Maus. So muss die Maus versuchen sich bei einem Paar einzuhängen.

Aktionsspiel

Material: –

Spieler: mind. 15 Spieler, max. unbegrenzt

Die Spieler bilden mit weit gespreizten Beinen einen Kreis. Ähnlich wie im oberen Spiel fängt eine Katze die Maus. Die Maus kann sich durch einen Sprung durch die Beine eines Spielers retten. Der Spieler, bei dem die Maus durchgekrochen ist, übernimmt die Rolle der Katze und jagt die Maus, die zuvor noch eine Katze war. Fängt die Katze die Maus, werden die Rollen vertauscht. Die Maus versucht sich zu retten, indem sie durch die gespreizten Beine eines Spielers schlüpft.

ACHTUNG:

Diese Spiel benötigt Sand, Schnee oder einen anderen weichen Untergrund, auf Asphalt oder Pflaster ist dieses Spiel nicht durchführbar.

Piratenspiel

Material: –

Spieler: mind. 11 Spieler, max. 30

Es bilden sich Paare, die sich in einem Kreis aufstellen. Ein einzelner Spieler stellt sich in den Kreis dazu. Der Aufbau sieht wie folgt aus:

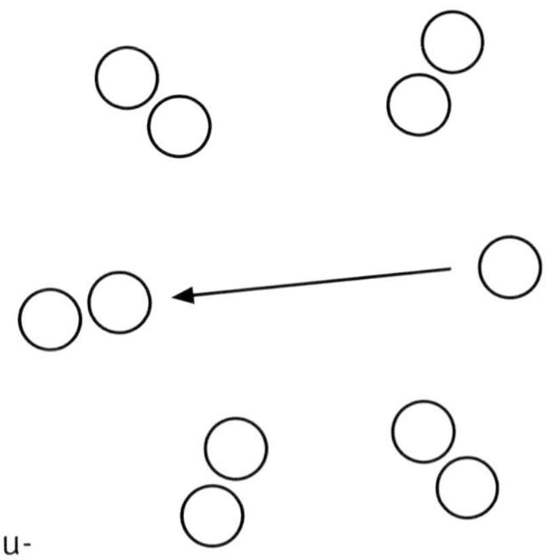

Der einzelne Spieler blinzelt mit den Augen einem Spieler, dem Vorderen eines Paares, zu. Dieser rennt daraufhin los. Der Spieler dahinter muss blitzschnell reagieren und ihn mit den Armen festhalten, die er zuvor hinter dem Rücken verschränkt gehalten hat. Gelingt dies, so sucht sich der Einzelne ein neues Opfer aus, bis jemand zu ihm gelangt. Der Spieler der dann alleine dasteht, versucht einen anderen durch zublinzeln zu sich zu ziehen.

Torwartspiel

Material: Fußball

Spieler: mind. 10, max. 30

Alle Spieler stellen sich mit gespreizten Beinen im Kreis auf. Wichtig ist hier, dass es keine Lücken zwischen den Spielern gibt (Fuß an Fuß). Ein Fußball wird in den Kreis geworfen. Jeder Spieler versucht, sein Tor (gespreizte Beine) bestens zu verteidigen. Der Ball wird mit den Händen im Kreis herum geschossen. Läßt ein Spieler den Ball durch sein Tor, so muss er sich umdrehen, mit dem Gesicht nach außen, und versucht so sein Tor zu verteidigen. Läßt er ein 2. Mal den Ball durch die Beine ist er ausgeschieden und muss den Kreis verlassen. Die anderen Spieler rücken auf. Ein 2. Ball erhöht die Schwierigkeit und kann so zu einem späteren Zeitpunkt eingesetzt werden.

Katz und Maus

Material: –

Spieler: mind. 18, max. unbegrenzt

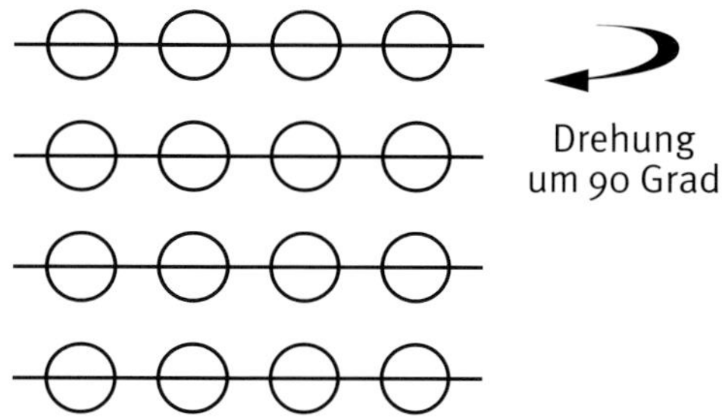

Aus der Gruppe werden zwei Freiwillige ausgesucht. Die anderen Mitspieler bilden in folgender Weise ein Quadrat. Das Quadrat kann beliebig vergrößert werden:

Die Spieler stehen mit dem Gesicht nach oben und bilden mit den Händen nach rechts und links eine Absperrung. Die Katze jagt nun die Maus. Die Maus flüchtet sich in die menschlichen Gänge. Klatscht die Maus in die Hände, drehen sich alle Spieler um 90 Grad nach rechts, so dass die horizontalen Gänge abgesperrt werden. Die Katze kann der Maus nicht direkt folgen. So versucht die Maus mit gezieltem Klatschen sich nicht erwischen zu lassen.

Riesenschlange

Material: –

Spieler: mind. 10, max. unbegrenzt

Die Spieler stellen sich hintereinander auf und fassen den Vordermann an den Schultern. Die Riesenschlange steht nun bereit. Die Spitze der Schlange versucht ihr eigenes Ende zu erwischen. Das Mittelteil der Schlange muss dies verhindern. Die Schlange darf beim Versuch das Ende zu fassen nicht auseinander brechen.

Lachkanon

Material: –

Spieler: mind. 20, max. unbegrenzt

Die Spieler sitzen im Kreis und werden in vier etwa gleich große Abschnitte eingeteilt. Für den Lachkanon bedarf es eines gleich bleibenden Rhythmus. Der Rhythmus sieht wie folgt aus. Die Spieler stampfen 4 x auf den Boden, dann klatschen sie 4 x auf die Schenkel, dann 4 x in die Hände und 4 x den speziellen Ausruf der Gruppe (z.B. hoho, haha, hehe, hihi). Dabei steht die Gruppe auf. Jeder Gruppe wird ein einzelner spezieller Ausruf z.B. „haha“ zugeteilt. Die Merkmale eines Kanons sind die verschiedenen Einsätze der Gruppen. Beim Lachkanon beginnt eine Gruppe und stampft 4 x auf den Boden und der weitere Ablauf wird wie oben beschrieben fortgesetzt. Nach diesen 4 x stampfen setzt die nächste Mannschaft ein usw. Nach z.B. 4 x „hoho“ setzt sich die Gruppe wieder und beginnt sofort wieder mit dem Rhythmus. Das Tempo kann dabei beschleunigt werden.

Kartensitz

Material: Kartenspiel

Spieler: mind. 15, max. unbegrenzt

Die Spieler sitzen in einem Stuhlkreis und jeder erhält eine Karte aus einem Kartenspiel. Jeder Spieler merkt sich die Spielfarbe, also entweder Kreuz, Pick, Herz oder Karo. Es kommt nicht auf den Wert der Karte an (z.B. As, Bube ...). Die Karten werden wieder eingesammelt und der Spielleiter mischt sie. Dann setzt er sich auf einen Platz, wo er von allen Spielern gesehen werden kann. Er deckt die erste Karte auf, sagt die Spielfarbe an und zeigt sie den Spielern. Jeder Spieler, der die selbe Spielfarbe gezogen hatte, rückt im Uhrzeigersinn auf den nächsten Stuhl weiter. Ist dieser Stuhl noch besetzt, setzt sich der Spieler auf die Schenkel des Spielers. Die nächste Karte wird aufgedeckt. Die Spieler mit dieser Farbe rücken einen Stuhl weiter, es sei denn, der Spieler wird durch einen auf ihm sitzenden Spieler blockiert. Es kann immer nur der oberste eines Stapels weiterwandern. Oftmals bilden sich „Stapelblöcke“ von bis zu 10 Spielern. Wer als erstes seinen alten Sitzplatz erreicht hat, hat gewonnen.

Gruppeneinteilungsspiele

Atomspiel

Material: Musik

Spieler: mind. 10, max. unbegrenzt

Die Spieler bewegen sich zur Musik. Die Musik wird vom Spielleiter gestoppt und er gibt eine Zahl vor, zu der sich die Spieler zusammenfinden sollen (z.B. 5 = immer zu fünft zusammen). Die Musik wird wieder eingeblendet. Neben verschiedenen Zahlen gibt der Spielleiter auch noch eine Gradzahl vor:

0 Grad = die Spieler (Atome) stehen still,

100 Grad = die Atome bewegen sich in Höchstform.

Nach einigen Durchgängen gibt der Spielleiter die gewünschte Gruppengröße bekannt (z.B. 10 Spieler). So entstehen Gruppen in der gewünschten Gruppengröße.

Irrenhaus

Material: kleine Zettel, Stifte

Spieler: mind. 15, max. unbegrenzt

Der Spielleiter bereitet die kleinen Zettel für das Spiel vor. Er überlegt sich zuvor, wieviele Gruppen benötigt werden und deren Mitgliederzahl. Werden z.B. 5 Gruppen à 4 Spieler benötigt, so beschreibt der Spielleiter wie folgt die Kärtchen:

4 x	**Fußpilz**	4 x	**Fuß gebrochen**	4 x	**Gehirn-erschütterung**
4 x	**Zahnschmerzen**	4 x	**Haarausfall**		

Jeder Spieler zieht ein Kärtchen und auf ein Startsignal hin versuchen alle gleichzeitig, die Krankheit pantomimisch zu erklären. Wenn sich die Gruppen gefunden haben, ist das Spiel beendet.

Erkennungsmethode

Material: kleine Zettel, Stifte

Spieler: mind. 10, max. unbegrenzt

Jeder Spieler zieht einen Zettel aus der Hand des Spielleiters. Die Zettel wurden zuvor wie folgt vorbereitet: Je nach Anzahl und Größe der gewünschten Gruppen werden z.B. Tiernamen auf die Zettel geschrieben. Diese Methode kann individuell gestaltet werden. Die Teilnehmer erhalten Zettel (vier gewünschte Gruppen à 5 Spieler: z.B. 5 x Bär, 5 x Kuh, 5x Hund und 5 x Katze). Die Spieler haben nun die Aufgabe sich gegenseitig zu finden, indem sie entsprechende Laute der Tiere nachahmen.

Märchenspiel

Material: kleine Zettel, Stifte

Spieler: mind. 10, max. unbegrenzt

Ähnlich wie im Irrenhaus werden für die gewünschte Gruppenzahl und -stärke Kärtchen beschrieben. Als Gemeinsamkeit stehen beim Märchenspiel Märchen auf den Zetteln. So wird für jedes Mitglied einer Gruppe ein Märchen wie z.B. „Rotkäppchen oder „Sieben Zwerge“ auf die Zettel geschrieben. Jeder Spieler zieht nun ein Kärtchen. Auf ein Startkommando beschreiben alle Spieler pantomimisch das jeweilige Märchen. Haben sich die Spieler der Gruppen dadurch gefunden, ist das Spiel beendet.

Silben sammeln

Material: kleine Zettel, Stifte

Spieler: mind. 10, max. unbegrenzt

Die Zettel werden entsprechend der gewünschten Gruppenanzahl und -stärke mit verschiedenen Silben beschrieben. Beispiel: Werden 4 Gruppen à 3 Spieler benötigt, so werden drei Karten mit der Silbe „ner“, drei Karten mit der Silbe „beer“, drei Karten mit der Silbe „ter“ und drei Karten mit der Silbe „ton“ beschrieben.

Auf ein Startkommando schreien alle Spieler ganz laut ihre Silbe. In diesem lauten Chaos sollen sich die Gruppen finden. Bei größeren Gruppen wird das Spiel wesentlich interessanter und schwieriger.

Sortieranlage

Material: –

Spieler: mind. 10, max. unbegrenzt

Die Spieler haben die Aufgabe, sich innerhalb von zwei Minuten z.B. nach der Körpergröße, nach der Hausnummer, nach dem Geburtsdatum oder einem anderen Anhaltspunkt zu sortieren.

Am Anfang der Reihe steht der Spieler mit der kleinsten Schuhgröße, Hausnummer oder der geringsten Körpergröße. Die Größe der Schuhe, Hausnummer usw. nimmt im Verlauf der Reihe stetig zu, so dass am Ende der Reihe der Spieler mit den größten Schuhen etc. steht. Die dadurch zufällig zusammengestellte Reihe wird dann durch Abzählen in die gewünschte Gruppengröße eingeteilt.

Möglichkeiten der Reflexion

Eine gute Arbeit beruht auf einer guten Vorbereitung und Reflexion. Gerade in der Jugendarbeit spielt die Reflexion, das Nachdenken und Rückblicken auf vergangene Aktionen, eine äußerst wichtige Rolle.

In nur wenigen anderen Bereichen verändern sich die Interessen, die Bedürfnisse und Besonderheiten der Zielgruppe so schnell wie in der Jugendarbeit. Die Lebenswelt der Kinder und Jugendlichen ist geprägt durch einen ständigen Wechsel. Was heute noch „in" ist, kann morgen schon „out" sein.

Ehren- wie auch Hauptamtliche haben die Aufgabe die Trends zu kennen und zu erkennen. Erst wenn ich mich auf die aktuelle Ebene der Kinder und Jugendlichen begebe, habe ich die Möglichkeit gute Jugendarbeit zu machen. Jugendarbeit, die ankommt und begeistert. Dies bedeutet aber nicht, dass ich dem Trend und der Mode der jungen Generationen folgen muss. Ich muss sie nur kennen, um mich in die Lage der Zielgruppe versetzen zu können.

Die Interessen und Möglichkeiten für Jugendliche die Freizeit zu gestalten teilen sich in unendlich viele Bereiche auf. Ich kann nicht in allen Bereichen gute und qualitativ hochwertige Arbeit leisten. Verschiedenes bleibt dabei auf der Strecke. Ein Team von Leitern füllt diese Lücken meistens wieder aus. Ein Team, das aus mehreren interessierten Mitarbeitern besteht, kann den Bedürfnissen und Wünschen, die die Zielgruppe an das Team stellt, gerecht werden. Dazu bringt jeder Mitarbeiter seine Fähigkeiten, Fertigkeiten und Begabungen in das Team ein.

Ein funktionierendes Team ist ein wertvolles Gut und es muss ständig an sich arbeiten. Ein Leiterteam in der verbandlichen Jugendarbeit ist gekennzeichnet durch einen relativ schnellen personellen Wechsel. Mit 15 oder 16 Jahren beginnt für viele der aktive Einsatz in der Jugendarbeit. Schon der Beginn einer Ausbildung, das Studium, die Bundeswehr oder der Zivildienst lassen eine Leitungsfunktion nur noch begrenzt oder gar nicht mehr zu. Die Dauer des Engagements eines Gruppenleiters dauert im Durchschnitt 3 Jahre. Aus dieser Tatsache ergibt sich, dass alte durch neue Gruppenleiter ersetzt werden. Eine ständige Fluktuation im Leitungsteams ist die Folge.

Die Reflexion ist in der Jugendarbeit von sehr großer Bedeutung. Die Arbeit des Teams und der einzelnen Mitarbeiter ist damit ständig auf dem Prüfstand. Auch die Leiter, die schon länger im Team sind, müssen so ständig ihre Arbeit überprüfen. Positive und negative Aspekte werden dabei herausgearbeitet.

Freizeit, Tagesaktionen, Spielprojekte und Gruppenstunden: Dahinter steht in den meisten Fällen ein Team. Egal ob das Team aus zwei oder mehr Mitgliedern besteht, ist es notwendig zu reflektieren. Dadurch können Emotionen wie Freude oder Enttäuschung mitgeteilt werden. Es muss nichts „hinuntergeschluckt werden“, die Angelegenheiten werden dann geklärt, wenn sie noch aktuell sind.

Für die Reflexion im Team gibt es folgendes Grundmuster:
Es gibt drei Bereiche, die reflektiert werden:

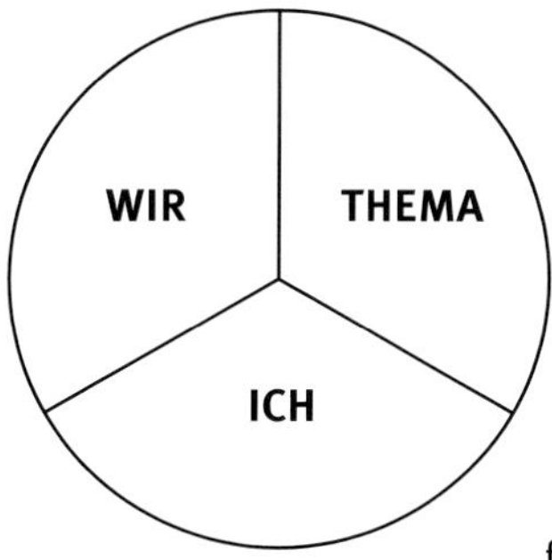

Dieses Refelexionsmuster (TZI = Themenzentrierte Interaktion) bietet sich bei allen möglichen Veranstaltungen an, die von einem Team organisiert wurden. Die Reihenfolge der Reflexion dieser Bereiche wird im Vorfeld vereinbart. Es empfiehlt sich aber, mit dem „Thema“ zu beginnen. Es besteht die Möglichkeit, dass jeder Teilnehmer alle Bereiche hintereinander reflektiert. Aus eigener Erfahrung kann ich sagen, dass es sich anbietet, einen Bereich zuerst von allen gemeinsam reflektieren zu lassen und dann zum 2. und 3. Bereich überzugehen. Für die Durchführung ist ein „Reflexionsleiter“ notwendig.

THEMA

Ein Teilnehmer der Reflexion beginnt und sagt alles was er zum „Thema“ sagen möchte. Das „Thema“ kann der Ablauf des ganzen Aktionstages, der Morgen oder z.B. ein Geländespiel sein. Was das „Thema“ ist und somit reflektiert wird, muss zu Beginn der Reflexion klar sein.

Beispielthema „Tagesreflexion“: „Mich hat es gestört, dass das Programm so früh zu Ende war. Allerdings fand ich das Geländespiel und die Aktion am Lagerfeuer sehr schön. Ich glaube dieser Aktionstag ist gut bei den Kindern angekommen.“ Nachdem alle das „Thema“ reflektiert haben, geht es weiter zum nächsten Bereich.

WIR (Leitungsteam)

Es geht hier um das Leitungsteam während des „Themas“. Beispiel: „Ich fand es klasse, dass beim Frühstück alle Leiter beim Abräumen geholfen haben. Auch die letzten Vorbereitungen für den Postenlauf liefen gut. Geärgert habe ich mich über Max und Inge, die am Lagerfeuer nicht mitgeholfen haben.“

ICH

„Ich war bis zum Mittagessen sehr müde, da ich zu spät ins Bett gegangen bin. Am Lagerfeuer war ich dann so faul, dass ich einfach nichts machen wollte. Im Nachhinein habe ich mich über mich selbst aufgeregt.“

Nachdem sich alle zu den Bereichen geäußert haben, kann die Reflexion abgeschlossen werden, falls keine Fragen offen sind.

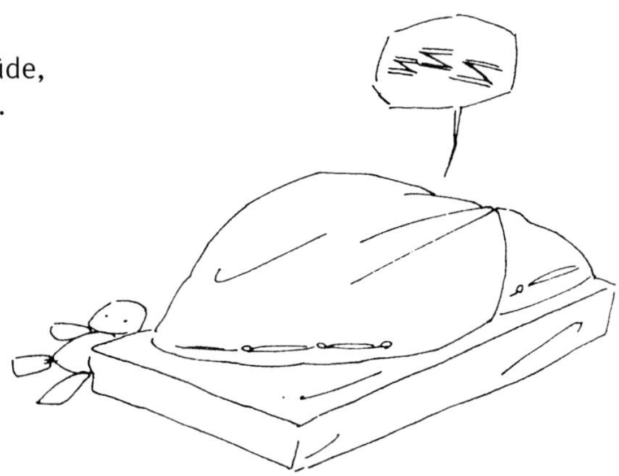

Folgendes sollte beachtet werden:

- Die Bereiche sollten sich nicht vermischen.
- Diskussionen sind nur im Anschluss zuzulassen.
- Verständnisfragen dürfen gestellt werden.
- Offenheit und Ehrlichkeit sind wichtige Grundlagen.

Für das Team, wie auch für einzelne Mitarbeiter, ist es nicht nur wichtig eine interne Reflexion zu machen, sondern auch die Teilnehmer einzubeziehen. Die Kinder und Jugendlichen haben so die Möglichkeit Freude und Begeisterung, aber auch Frust und Enttäuschung an das Leitungsteam oder an andere Teilnehmer weiterzugeben. Die Leiter erfahren dadurch, was den Kinder gefallen hat, was sie geärgert hat usw. Unter diesen Voraussetzungen ist es möglich, das Programm, das Team und sich selbst zu prüfen und gegebenenfalls daran zu arbeiten.

Aus meiner Erfahrung nehmen die Kinder die Möglichkeiten der Reflexion gerne an. Je nach Alter der Kinder und Jugendlichen muss eine angemessene Methode ausgesucht werden.

Reflexionsmuster für das Team oder die Teilnehmer

Die folgenden Methoden können für Reflexionen im Team oder in der gesamten Gruppe angewendet werden. Sie eignen sich auch ganz besonders für Kinder ab 7 Jahren. Für die aufgelisteten Reflexionsmethoden gibt es eine Gemeinsamkeit: Die Fragen sind überall gleicher Art, aber die Unterscheidung liegt darin, wie die Teilnehmer antworten können.

Bei den folgenden Reflexionen stellt der Reflexionsleiter mehrere Fragen an die Teilnehmer. Solche Fragen könnten z.B sein:

- Wie gefiel mir die Sommerfreizeit?
- Wie fand ich das Projekt?

Diese Fragen nützen dem Reflexionsleiterleiter/Team nur begrenzt, da nicht bekannt wird, was genau den Teilnehmern gefallen hat. Es entsteht nur ein grobes Stimmungsbild. Die Fragen sollten daher differenziert gestellt werden:

- Wie erging es mir bei der Musterung am Musterungstag?
- Wie hat mir die Traumreise gefallen?
- Wie fand ich das Angebot der Workshops?

Bei den Reflektionsfragen an das Team stellt sich das gleiche Problem:

- Bin ich mit dem Verlauf des Projekts zufrieden?
- Wie ist mein Gesamteindruck?

Auch diese Fragen können differenziert gestellt werden:

- Wie lief die Organisation beim Abbau?

Hinweis

Für den Einsatz der Reflexionsmethoden gilt Folgendes zu beachten:

- Den Teilnehmern müssen die Gründe für eine Reflexion klar sein. Erst dann besteht die Chance, dass sie den Leitern eine ehrliche Rückmeldung geben. Bei einigen der folgenden Methoden kommt es leider oft vor, dass sich die Teilnehmer an dem Verhalten der anderen orientieren. Die eigene Meinung geht unter. Dennoch erhält man ein grobes Bild, wie das Projekt etc. angekommen ist.

- Die Bedeutung der Symbole der unterschiedlichen Reflexionsmethoden müssen zuvor erklärt werden. Der Reflexionsleiter bittet die Teilnehmer nach der Bewertung einer Frage, das Symbolfeld wieder zu verlassen. Dadurch wird verhindert, dass jemand bei allen Fragen stehen bleibt. Der Leiter notiert sich bei jeder Frage grob das entstandene Bild, wie sich die Teilnehmer aufgestellt haben.

- Bei Reflexionen, die z.B. eine Freizeit zum Inhalt haben, sollte das Programm in einem schnellen Durchlauf nochmals aufgezählt werden. Dadurch wird verhindert, dass sich die Teilnehmer nur an die letzten Programmpunkte erinnern.

Wetterreflexion

Material: Papier, bunte Stifte

Teilnehmer: Anzahl unbegrenzt, Alter ab 7 Jahren

Vorbereitung

Auf großen Papierbögen werden verschiedene Wettersituationen, wie wir sie von der Wettervorhersage kennen, aufgemalt. Diese Papierbögen werden kreisförmig im Raum auf den Boden gelegt.

Einige Möglichkeiten:

Sonne = super, toll, spaßig, Freude

Sonne/ Wolken = ganz gut bis auf …

Wolken = naja, habe es mir besser vorgestellt, ging so

Regen = schlecht, hat keinen Spaß gemacht

Hagel = möchte ich nicht noch einmal erleben, das nächste mal ohne mich

Gerade Kinder können ihren Eindruck anhand derartiger Bilder besser ausdrücken.

Thermometer-Reflexion

Material: großes langes Papier (ca. 2 m x mind. 5 m)

Teilnehmer: Anzahl unbegrenzt, Alter ab 7 Jahren

Auf einem großen langen Papier wird ein Thermometer der Länge nach aufgemalt. In regelmäßigen Abständen wird an einem Querstrich die Gradzahl eingetragen. Am unteren Ende wird bei Minus 100 Grad begonnen, dann – 90 Grad bis 0 Grad und dann bis zu +100 Grad. Auch farblich wird der Thermometer gekennzeichnet. Bei –100 Grad ist das Quecksilber blau, bei +100 Grad dunkelrot.

Der Reflexionsleiter nennt, wie oben schon beschrieben, die entsprechenden Fragen. Die Teilnehmer müssen sich entsprechend ihrer Antwort auf dem Thermometer platzieren. Hat ihnen das Lager sehr gut gefallen, so kochen sie förmlich und stellen sich deshalb auf die +100 Grad. Fanden sie das Programm aber zum einfrieren, so stellen sie sich auf -100 Grad. Dies sind die beiden Extremwerte.

Geldreflexion

Material: Kreide

Teilnehmer: Anzahl unbegrenzt, Alter ab 7 Jahren

Der Reflexionsleiter malt mit Kreide verschiedene Münzen und Geldscheine mit unterschiedlichem Wert auf die Straße. Angefangen von einem 1-Pfennig-Stück bis zu einem 1.000-Mark-Schein. Die Münzen und Scheine werden überdimensional dargestellt. Der Leiter stellt seine Fragen und bittet die Teilnehmer den Wert in DM auszudrücken.

Beispiel: Wie hat euch das Essen geschmeckt:

1 Pfennig = nichts wert 1000 DM = fast unbezahlbar

Sprintreflexion

Material: Kreide

Teilnehmer: Anzahl unbegrenzt, Alter ab 7 Jahren

Mit Kreide wird eine lange Startlinie auf den Boden gezeichnet, so dass alle Teilnehmer nebeneinander Platz haben. In ca. 50 Meter Entfernung wird eine Ziellinie aufgemalt. Die Teilnehmer beantworten die Frage folgendermaßen:

An der Startlinie stehen bleiben = da war die Luft draußen

Rennen bis zur Ziellinie = ich bin voll dabei, weiter so

Die Teilnehmer können natürlich auch auf der Strecke stehen bleiben und so ihre Wertung abgeben. Es besteht die Gefahr, dass die Kinder Lust haben zu rennen und das Ergebnis dadurch etwas verzerrt wird.

Tanzreflexion

Material: pro Teilnehmer fünf Kärtchen, Stifte

Teilnehmer: Anzahl max. 20, Alter ab 8 Jahren

Jeder Teilnehmer erhält fünf Kärtchen mit je einer Zahl von 1–5. Der Reflexionsleiter stellt eine Frage und die Teilnehmer bewerten die Sache mit dem Hochheben der entsprechenden Wertungskarte: 5 = schlecht bis 1 = prima, spitze.

Die Teilnehmer müssen sich dazu in einer Reihe aufstellen, da ansonsten das große Chaos ausbrechen wird.

Für eine Reflexion mit **älteren Jugendlichen** eignen sich Methoden, bei denen die Antworten differenzierter abgegeben werden müssen. Allerdings ist die Anzahl der Fragen aus zeitlichen Gründen begrenzt. Auch die oben genannten Methoden können für Jugendliche und Erwachsene angewendet werden. Der Vorteil ist der sehr geringe Zeitaufwand.

Gib's uns

Material: Papier, Stifte, Stuhlkreis

Teilnehmer: mind. 5, max. 10–12, ab 15 Jahren

Die Teilnehmer sitzen im Stuhlkreis. In der Mitte des Kreises liegen mehrfach ausgefertigte Papierkarten, die mit folgenden Sätzen beschriftet wurden:

... da lief es mir kalt den Rücken runter
... da fühlte ich mich richtig wohl
... da bekam ich eine Gänsehaut
... da stellten sich meine Haare zu Berge
... da wurde es mir ganz warm ums Herz
...

Der Reflexionsleiter stellt eine Frage zu einem bestimmten Sachverhalt. Die Teilnehmer suchen sich ein passendes Kärtchen heraus, das am besten ihren Gefühlen entspricht. Der Teilnehmer könnte dann wie folgt antworten: „Wenn ich an die Nachtwanderung denke, läuft es mir jetzt noch kalt den Rücken runter, denn die war mir echt zu gruselig!" Jeder Teilnehmer sagt seinen Satz.

Schrottsammlung

Material: alles, was man in der Küche, im Aufenthaltsraum und draußen so finden kann, je verschiedenartiger die Gegenstände sind, desto besser, Stuhlkreis

Teilnehmer: max. 15, ab 15 Jahren

Die Teilnehmer sitzen im Stuhlkreis. In der Mitte liegen die unterschiedlichsten Gegenstände. Von einem Handschuh bis zu einer Streichholzschachtel kann alles vertreten sein. Auf die jeweilige Reflexionsfrage hin sucht sich jeder Teilnehmer einen Gegenstand aus. Mit diesem Gegenstand in der Hand verbindet er seine Antwort.

Frage: „Wie hast du das vergangene Wochenende erlebt?"

Antwort: „Ich habe mir einen Sportschuh ausgewählt, weil ich das ganze Wochenende auf Achse war und zu einem richtigen Sprinter wurde. Es hat mir sehr viel Spaß gemacht."

Zettelreflexion

Material: sehr viele kleine Notizzettel, Stifte

Teilnehmer: Anzahl unbegrenzt, ab 13 Jahren

Auf jedem Stuhl liegt ein Zettel mit einem Stichwort darauf, z.B. „ Küche“, „Leiter“, oder verschiedene einzelne Programmpunkte wie z.B. „Frühsport“, „Kreisspiele“... Auf jedem Stuhl liegen noch nicht beschriebene Zettel. Die Teilnehmer gehen durch den Raum von Stuhl zu Stuhl. Die Teilnehmer können mit der Frage „Was möchte ich zum Frühsport sagen?“ ihre Antwort auf einen der Zettel schreiben. Für jede Antwort wird ein extra Blatt verwendet. Beschriebene Blätter werden umgedreht auf den Stuhl gelegt.

Jeder Teilnehmer kann zu jedem Impuls etwas schreiben, muss aber nicht. Die Zettel werden zu Hause ausgewertet. Bei dieser Reflexion ist die Ehrlichkeit der Teilnehmer relativ groß, da die Antworten anonym abgegeben werden. Allerdings ist es sehr zeitintensiv, die meist große Anzahl der Antworten abzuschreiben. Dafür erhält man aber eine gute Rückmeldung.

Halbe Sätze

Material: pro Teilnehmer ein kopiertes Blatt und einen Stift

Teilnehmer: Anzahl unbegrenzt, ab 10 Jahren

Jeder Teilnehmer erhält einen Reflexionsbogen und füllt diesen so gut wie möglich aus. Anschließend wird dieser anonym abgegeben. Ein Beispiel für einen derartigen Reflexionsbogen: siehe Anlage.

Wichtiger Hinweis zum Umgang mit dem Reflexionsergebnis

Es macht wenig Sinn, eine Reflexion durchzuführen und das Ergebnis auf sich beruhen zu lassen. Das Ergebnis, egal ob es von positiver oder negativer Gestalt ist, sollte durch das Leitungsteam aufgearbeitet werden. Gründe für einen Programmpunkt, der nicht für gut befunden wurde, werden gesucht. Erfolgreiche Bereiche werden ausgebaut. Kritik und Lob zum Team oder zur eigenen Person sollten so gut wie möglich aufgenommen und vor allen Dingen angenommen werden.

Gruppenleiter-ABC

Brainstorming

Auf einem großen Plakat wird das Thema/Stichwort geschrieben. Die Teilnehmer schreiben mit Wachs- oder Buntstiften alles auf, was ihnen zum Thema einfällt. Es gibt dabei kein „das ist richtig oder falsch". Nach ca. 15 Minuten werden die Begriffe und Sätze vorgelesen. Daraus entstehen Gespräche und Gemeinsamkeiten können entdeckt werden. Was sind die Hauptinhalte? Diese Methode eignet sich sehr zum Einstieg in ein Thema.

Erste Hilfe

Da ein Geländespiel oft weit außerhalb eines Ortes stattfindet, empfiehlt es sich, ein Handy für Notfälle dabeizuhaben. Für kleinere Verletzungen sollte ein kompletter Erste-Hilfe-Kasten vorhanden sein. Ansonsten auf keinen Fall das Kleingeld oder die Telefonkarte für das nächste öffentliche Telefon vergessen.

Gelände

Das Gelände sollte vorher abgelaufen und je nach Geländespiel abgegrenzt werden. Das Gelände sollte nicht zu steil sein, denn steile Abhänge oder reißende Gebirgsbäche stellen ein großes Risiko dar. Daher sollten einfache Wald- und Wiesenstücke bevorzugt werden. Den Spielern sollte ein Platz gezeigt werden, wo sich während des gesamten Spiels ein Leiter aufhalten wird (Notfälle ...).

Gruppeneinteilungsspiele

Diese Spiele verhindern die oft schwierige Arbeit Gruppen einzuteilen. Durch das Spiel entscheidet der Zufall die Gruppenzugehörigkeit. Die Gruppeneinteilung kann dabei vom Spielleiter aber nicht beeinflusst werden. Bei den Spielen kann es dadurch öfters vorkommen, dass die Gruppen ungleich aufgeteilt sind (Vorschläge für Gruppeneinteilungsspiele siehe Gruppeneinteilungsspiele oder Buch „Aufteilungsspiele" auf Seite 124).

Hindernisparcours

Ein Hindernisparcours wird immer nach den Fähigkeiten der einzelnen Teilnehmer gestaltet und aufgebaut. Das Gelände wird in den Aufbau des Parcours mit einbezogen. Der sportliche Aspekt steht hier im Vordergrund. Einfache Gegenstände wie Stühle, Stangen, Kegel usw. können sehr gut eingesetzt werden.

Material

Übliches Material für die Erstellung einer Behausung bei einem Geländespiel: Reisnägel, Schnur, Klebeband, evtl. Taschenmesser (keine feststehenden Messer). Auf keinen Fall: Nägel (beschädigt Bäume), große Sägen (verführt zu sehr zum Rumspielen), andere gefährliche Werkzeuge wie Sichel oder Sense. Gegebenenfalls können noch Plastikplanen mitgegeben werden. Jede Gruppe sollte die gleiche Ausrüstung erhalten. Handhabungshinweise und Gefahrenhinweise für den Gebrauch des Materials sind, je nach Alter, notwendig.

Notsignal

Ein Notsignal wird eingesetzt wenn ein Notfall eintritt, z.B. wenn das Spiel außer Kontrolle gerät oder die Witterung den Spielleiter dazu zwingt, das Spiel abzubrechen. Ertönt das Signal, kommen alle Spieler unverzüglich zum Ausgangspunkt oder Sammelplatz zurück. So hat der Spielleiter die Möglichkeit, in relativ kurzer Zeit alle Mitspieler zusammenzubekommen. Die Funktion des Notsignals muss zu Beginn erläutert werden. Ein Notsignal kann z.B. durch eine Pressluftfanfare erzeugt werden.

Öffentlichkeitsarbeit

Unter Öffentlichkeitsarbeit versteht man das Erscheinen von Berichten und Informationen über den Verein und dessen Arbeit, wie z.B. eine Ankündigung oder ein Bericht über das Sommerlager. Die Öffentlichkeitsarbeit hat einen wichtigen Stellenwert. Wo immer der Name des Vereins und des Angebots in der Presse, auf Plakaten oder wo auch immer gelesen oder gehört wird, wird dies bei Kindern, Jugendlichen und Erwachsenen bewusst und unbewusst wahrgenommen. Egal, ob es sich um Vorankündigungen, Berichte oder um eine Reportage handelt: Wichtig ist, dass die Organisation in der Presse vertreten ist. Dadurch wird der Verein und dessen Angebot bekannt, der Erfolg und der Zulauf bei Veranstaltungen kann dadurch vergrößert werden.

Wird eine Veranstaltung von Sponsoren unterstützt, wird die Öffentlichkeitsarbeit noch wichtiger. Der Sponsor möchte in den meisten Fällen seinen Namen in der Presse oder auf Plakaten wiederfinden.

Punktesystem

Die Punkteverteilung bei Wettkämpfen und Spielen gestaltet sich oftmals recht schwierig. In der folgenden Methode sehe ich eine möglichst gerechte Möglichkeit der Punkteverteilung:

Bei einem Spiel mit z.B. 5 Mannschaften bekommt der 1. Platz 5 Punkte, der 2. Platz 4 Punkte und der 3. Platz drei usw. Das 2. Spiel wird ebenso bewertet.

Schatzkarten

Eine Schatzsuche bildet einen abwechlungsreichen und spannenden Abschluss eines Geländespiels. Der Weg zum Schatz wird auf einem dickeren Blatt Papier skizziert. Das Papier kann dann am Rand angebrannt werden. Dadurch erhält die Schatzkarte das typische Aussehen, wie sich Kinder eine Schatzkarte vorstellen. Um die Hebung des Schatzes zu erschweren, wird die Karte in kleine Teile zerschnitten. Die Schatzsucher müssen zuerst die Karte zusammensetzen, bevor die Schatzsuche beginnen kann.

Signale

Als Zeichen für den Start oder das Ende eines Spiels können akustische Signale verwendet werden (z.B. Trillerpfeife, Pressluftfanfare ...). Diese Signale müssen sich aber vom Notsignal deutlich unterscheiden.

Traum-Phantasiereise

Vorbereitungen: Den Raum oder den Platz mit Isomatten oder Schlafsäcken auslegen. Dazwischen werden große und kleine Kerzen aufgestellt und angezündet. ACHTUNG: Brandgefahr. Wenn möglich wird der Raum verdunkelt und Duftlämpchen oder Räucherstäbchen können die Reise in die Traumwelt erleichtern. CD-Player/Kassettenrekorder mit einer Meditationsmusik, evtl. passend zum Thema, wird bereitgestellt.

Die Teilnehmer sollen den Raum leise betreten. Zu Beginn wird ihnen erklärt, was sich hinter einer Traumreise verbirgt. Regeln werden erläutert und begründet (z.B. nicht reden, da die anderen sich nicht konzentrieren können). Die Teilnehmer legen sich auf die Unterlage und machen es sich bequem. Es folgt nun eine Beruhigungsphase. Bei leiser Musik tritt eine Körperentspannung ein. Die Augen werden geschlossen.

Der Sprecher redet mit angepaßter Stimme, so dass ihn alle hören können, er aber nicht zu laut ist. Er erzählt eine Geschichte oder schildert die Eindrücke, die er z.B. mit einem Sonnenuntergang am Meer verbindet. Welche Bilder und Gefühle entstehen durch die Vorstellung des Meeres, seinen Gerüchen und Geräuschen? Diese Eindrücke versucht der Erzähler zu verdeutlichen. Die Kinder und Jugendlichen sollten dem Erzähler folgen können und sich währenddessen ihre eigenen Bilder und Vorstellungen machen können. Der Sprecher muss daher auf genügend Pausen achten.

Langsam sollte die Rückkehr vorbereitet werden. Die Reisenden werden dann langsam aus ihrer Traumwelt zurückgeholt, Augen öffnen, tief durchatmen. Es empfiehlt sich, ans Ende der Traumreise z.B. eine Verkleidungsaktion anzuschließen. Die Kinder können ihre Traumbilder aus der Traumreise durch die Verkleidung besser ausdrücken. Das anschließende Malen oder Modellieren eignet sich auch an dieser Stelle (weitere Literatur Else Müller: „Du spürst unter deinen Füßen das Gras“ auf Seite 116).

Verkleidung

Es gibt für jedes Thema eine individuelle und kostengünstige Verkleidung. Ein kleiner Artikel für die Zeitung oder das Kirchen- oder Gemeindeblatt (meistens kostenlos), in dem aufgeführt wird, was für die Aktivität benötigt wird, hilft Materialengpässe zu beheben. Leintücher, Vorhänge und Stoffe liegen bei vielen Familien in irgendeinem Karton auf dem Dachboden. Gerade ältere Menschen freuen sich, Kindern und Jugendlichen damit eine Freude bereiten zu können. Auch Spinnereien, Krankenhäuser und Altersheime geben z.T. gebrauchte Stoffe oder Ausschuss gerne ab.

Weitere Ideen für Verkleidungen

- Strumpfhosen eignen sich als Kopfbedeckung.

- Aus alten Kassetten werden die Bänder herausgezogen und ergeben eine wunderschöne Perücke.
- Die Netze von Mandarinen, Zitronen oder Paprika können ebenfalls als Kopfdekoration verwendet werden.
- Müllsäcke können besprüht, beklebt oder auch zerschnitten eine schrille Verkleidung ergeben. ACHTUNG: Bei hoher Außentemperatur kann eine fast unerträgliche Hitze unter den Müllsäcken entstehen.
- Aus Aluminiumfolie entstehen hypergalaktische Verkleidungen.
- Aus etwas dickerem Draht können Brillen, aber auch undefinierbare Objekte auf dem Kopf entstehen.
- Grobe Hobelspäne (beim Schreiner erhältlich) können ebenfalls aufgeklebt werden oder als Perückenersatz dienen.
- Natürlich darf auch Schminke nicht fehlen. Hierfür eignet sich natürlich wasserlösliche Schminke oder ein professioneller Schminkkasten (Anschaffung sehr teuer).

Dies sind nur einige wenige Möglichkeiten um eine passende, eindrucksvolle und zugleich bezahlbare Verkleidung herzustellen. Es ist sinnvoll, Kindern und Jugendlichen Ideen und Möglichkeiten zu bieten. Die Phantasie und Kreativität der Teilnehmer sollte aber nicht eingeschränkt werden.

Weiterführende Literatur

- Else Müller – *Du spürst unter deinen Füßen das Gras* – ISBN 3-596-23325-9
- Hans-Hagen Harther – *Speckstein* – ISBN 3-7724-1145-2
- Walter Diem – *Flugobjekte* – ISBN 3-88034-403-5

Danksagung

DANKE – meinen lieben Eltern/meiner lieben Schwester, meinen Großeltern und Verwandten

DANKE – meinem Leitungsteam:

Bronke Benjamin, Degen Manuela, Dreher Andreas, Dreier Markus, Emminger Alexander, Haller Caren, Hanke Stefanie, Iconhardt Benjamin, Matt Susanne, Matt Ulrike, Pechta Darius, Ploberger Susanne, Ruh Andrea, Speicher Elke, Stengele Katharina, Strauch Marion, Stubbe Benjamin, Stubbe Sabrina, Tometzki Damian, Trebing Julian, Uhlmann Ramona, Widmann Kathrin

DANKE – meinen beiden Gruppenstunden:

Bronke Julia, Degen Manuela, Emminger Alexander, Fath Nadine, Haller Caren, Matt Ulrike, Rebstock Martina, Rodriguez Sabrina, Ruh Andrea, Saust Florian, Schiffelholz Sarah, Seiler Nina, Stengele Katharina, Thanner Isabel, Widmann Kathrin

Dreher Andreas, Handloser Claudia, Hanke Stefanie, Knauß Andreas, Leonhardt Benjamin, Pupcke Manuela, Stubbe Benjamin, Trebing Julian, Uhlmann Ramona, von Lienen Kyra

DANKE – den restlichen Mitgliedern der Pfarrjugend:

Block Sven, Emminger Dominik, Endres Sabrina, Fahr Adrian, Güntert Matthias, Holland Tobias, Hüls Manuel, Jäkel Katharina, Preyß Nicolas, Stephanescu Elke, Uhlmann Ralf, Weisner Timo, Widmann Heike, Bödeker Marianne, Brütsch Benedikt, Degen Nicole, Geisler Christian, Jäkel Stefan, Müller Marie-Claire, Seemayer Sven, Skelin Denis, Stihl Julia, von Lienen Larissa, Weggler Florian, Bödeker Christopher, Buchholz Geeti, Helmer Michael, Holland Steffi, Kabisreiter Carina, Kammel Patrik, Linzmeier Uschi, Lutsch Tobias, Osswald Marius, Rothfelder Carina, Rudolf Dominik, Ruh Christoph, Stihl Florian, Trebing

David, Althaus Christopher, Backes Jennifer, Bruttel Mike, Buchholz Jenny, Devin Jennifer, Fischer Patrik, Frankenhauser Adrian, Heide Karin, Jung Timo, Knauß Daniel, Koch Christoph, Raible Judith, Rebstock Markus, Rothfelder Anja, Ruh Marcel, Seybold Ruben, Steier Benjamin, Vicedomini Pasquale, Wolfsperger Pascal, Beck Nadine, Bittlingmeier Jan, Emminger Lucas, Fahr Karina, Hess Carmen, Hoffmann Laura, Juretzka Natalie, Kabisreiter Frank, Lutsch Nadine, Martin Patrick, Matusina, Kristian, Osswald Rebecca, Ploetz Nadja, Schlusemann Friederike, Schmid Sina, Schmid Juliane

DANKE – allen Eltern der Pfarrjugend

DANKE – dem Pfarrteam:

Pfarrer Roser Erwin, Ploberger Susanne, Frau Stadler, Herr Tometzki

DANKE – dem Schulungsteam:

Dreier Markus, Laible Ingrid, Veith Matthias, Zimmermann Daniela

DANKE – an das Team des Ev. Jugendhauses Konstanz

Freudenberger Heinz, Hoffman Martin, Weissenrieder Sascha

DANKE – der Presse

Fr. Löffler, Fr. Stärk

DANKE – an die Korrektoren dieses Buches:

Herr Brehm, Dreier Markus, Lange Birgit, Haehnel Martin

DANKE – an den Mann der mir die Chance gegeben hat, dieses Buch zu schreiben:

Völkening Martin, AA-Verlag für Pädagogik

DANKE – an den Kurs JH 97–99 und das gesamte Lehrerkollegium

DANKE – an das Team der JBS – des Margaretenheims Konstanz

DANKE – an alle die ich nicht erwähnt oder vergessen habe und die mich auf meinem Lebensweg begleitet haben

Der Autor

Daniel Stengele, Jahrgang 1977, Ausbildung zum staatlich anerkannten Jugend- und Heimerzieher am Institut für soziale Berufe Ravensburg; langjähriger Gruppenleiter, Oberministrant und Pfarrjugendleiter der Pfarrjugend Gottmandingen (bis 1999)

Kreiswehrersatzamt
(Ort)

den 10.06.

Kreiswehrersatzamt

Personalkennziffer 031085 S 50214
(Bei Schriftverkehr bitte immer angeben)

Herr Max Mustermann

Mustergässle 7
78078 Musterhausen

Betr.: Vorbereitung zur Musterung

Sehr geehrter Herr Max Mustermann,

Ihre Einwohnermeldebehörde hat sie bereits über die Wehreinberufung unterrichtet. Auch das neue Gesetz, in dem es heißt, dass auch Frauen im Zuge der Gleichberechtigung zum Wehrdienst einberufen werden, wurde ihnen mitgeteilt.

Der Termin Ihrer Musterung ist der Montag: **7.9. im Keiswehrersatzamt (Ort)**

Bitte finden sie sich um **9.30 Uhr im Zimmer 201 im 1. Stock** ein.

Bitte bringen Sie Ihren ausgefüllten Fragebogen mit. Tragen sie bitte lockere Sportkleidung.
Die Musterung wird nach § 16 Abs.3 Satz 1 WPflG durchgeführt.

Sollten beim Ausfüllen des Fragebogens Fragen entstehen, rufen Sie bitte unter der im Briefkopf angegebenen Telefonnummer an. Die Mitarbeiter des Kreiswehrersatzamt werden Ihnen gerne weiterhelfen. Der Telefonanschluß ist ab 5.09. wieder besetzt.

Der grobe Ablauf des Musterungstages sieht wir folgt aus:

9.30 Uhr – 11.00 Uhr Beginn der Musterung
11.00 Uhr – 12.00 Uhr Einführung
14.00 Uhr – 17.00 Uhr Geländeorientierungsspiel

Alles Weitere werden Sie am Musterungstag erfahren.

Mit freundlichen Grüßen

Ihr Pfarrjugendkreiswehrersatzamt

Dieses Schreiben wurde mit Hilfe einer elektronischen Datenverarbeitungsanlage gefertigt.
Für seine Rechtswirksamkeit ist keine Unterschrift erforderlich.

Musterungsbogen

Für die Personalakte des Kreiswehrersatzamtes
BITTE AUSGEFÜLLT ZUR MUSTERUNG MITBRINGEN

Name: ____________________ Vorname: ____________________

Anschrift: ____

Telefon: ____

Größe: __________ cm

Haarfarbe: ____

Schuhgröße: ____

Besondere Merkmale: ____

Zahnplomben/protese: ____

Intelligenz: ❑ 100% ❑ 80% ❑ 50 % ❑ 20% (bitte ankreuzen)

Krankheiten: ____

Sport: ____

Berufswunsch: ____

Was fällt mir ein, wenn ich an die Bundeswehr denke?: ____________________

____

____

____

Für was ist die Bundeswehr sinnvoll?: ____________________

____

____

____

Was für Alternativen gibt es zum Wehrdienst?: ____________________

____

____

____

Für die Bundeswehrakte benötigen wir ein gemaltes Portrait von Dir:

Personenkennziffer: ____________________

Institut für intergalaktische
Luft- und Raumfahrt

Warnbrief 5783.98/1

An die Gemeinde Schonach und Feriengäste

Liebe BewohnerInnen und Gäste,

schon seit Montag, den 24. Juni 1998, beobachten wir ein UFO, das in unseren Orbit eingedrungen ist. Es befindet sich momentan 1,776 Lichtjahre entfernt und scheint nach einem Aufprall mit einem Meteoriten in Schonach notzulanden. Unseren Berechnungen zu Folge, trifft es, bei gleichbleibendem Kurs und Geschwindigkeit, genau am **7. September 1998 um 11:30 MESZ** in Schonach oder Umgebung auf.

Wir möchten Sie bitten Ruhe zu bewahren, es besteht kein Grund zur Aufregung. Bei den Insassen des UFOs kann es sich nur um ORO-PAX-ianer handeln. ORO-PAX-ianer sind friedfertige Wesen (Aussehen unbekannt!). Sie sind sehr intelligent und in der Lage innerhalb eines halben Tages eine andere Sprache zu lernen. Wobei sie dies aber nur erreichen können, wenn sie mit Aufgaben oder ähnlichen Beschäftigungen versehen werden, die die ORO-PAX-ianer bewältigen können.

Helfen Sie uns! Bereiten Sie sich auf das große Treffen vor! Sie sind gefordert, wenn es um die Vorbereitung geht!

Ihrer Phantasie sind keine Grenzen gesetzt, doch wenn Sie es nicht schaffen die ORO-PAX-ianer dazu zu bringen, innerhalb eines halben Tages unsere Sprache zu lernen, können wir für nichts garantieren!

Vielen Dank und auf gute Zusammenarbeit

Wir melden uns wieder!

Das Institut für Intergalaktische Luft- und Raumfahrt (IILR)

Dr. Melmak

Polizeibericht

Heute, ____________, den __________ , sind aus dem Gefängnis (der Untersuchungshaftanstalt ____________________) der Stadt ____________________ 4 Jugendliche im Alter von 16–19 Jahren ausgebrochen. Schon wenige Minuten nach dem Ausbruch konnte eine Jugendliche, 16 Jahre, wieder festgenommen werden, von den 3 anderen Flüchtigen fehlt bislang jede Spur.

Da die Umgebung von ____________________ bereits großräumig abgesperrt wurde, geht die Polizei davon aus, dass sich die 3 Flüchtigen noch in ____________________ aufhalten und bis zur Dämmerung warten werden.

Das Polizeipräsidium bittet deshalb alle Autofahrer auf der B _____ sowie die gesamte Bevölkerung in ____________________ und Umgebung bei der Fahndung mitzuwirken. Sachdienliche Hinweise nimmt jede Polizeidienststelle entgegen.

Nach Angaben der Festgenommenen haben die drei Jugendlichen die Absicht, sich per Anhalter nach ____________________ durchzuschlagen, um sich dort mit Komplizen zu treffen und dann gemeinsam über die Grenze nach Holland nach Amsterdam zu entkommen.

Die Festgenommene gab folgende Täterbeschreibungen ab. Diese können als Hinweis zur Ergreifung der Flüchtigen dienen. Mittlerweile können die Jugendlichen aber die Kleidung gewechselt haben.

Die Beschreibung der Täter:

1. ____

2. ____

3. ____

Weil Kinder und Jugendliche weniger Verdacht erregen, frage ich Sie nun, ob Sie uns bei der Ergreifung der Flüchtigen behilflich sein wollen. Es wurde bereits eine Belohnung ausgesetzt.

Die Gruppe soll die Bewachung zwischen _________ und _________ übernehmen. Die Einsatzgebiete werden wie folgt zugeteilt.

Das Polizeipräsidium hat einen Lageplan erarbeitet, wo sich die einzelnen Fahndungsgruppen aufhalten sollen. Wir werden Eure Leiter nun unterrichten und sie werden Euch begleiten.

In 4er-Gruppen werdet Ihr an einem geheimen Punkt stehen, dies ist aus Sicherheitsgründen vorgeschrieben.

Es ist damit zu rechnen, dass die Jugendlichen durch Schlauheit oder Schnelligkeit wieder zu entweichen versuchen, daher keinen Verdacht erregen. Wichtig wäre es deshalb, die Verdächtigen unauffällig zu beschatten und ihnen zu folgen.

Keine Gewalteinwirkung, da sie eventuell bewaffnet sein könnten. Dafür sind die Polizeibeamten des zuständigen Kriminalreviers zuständig.

Reflexionsbogen des Sommerlagers

Gefreut hat mich ...

Erstaunt war ich ...

Gerne noch einmal erleben würde ich ...

Am liebsten vergessen möchte ich ...

Mich hat es völlig umgehauen ...

Gelangweilt war ich ...

Ich war erfreut ...

Weitere Publikationen

Martin Völkening

Meine schönsten Entspannungsspiele

Das Buch enthält eine Fülle von Spielen mit entspannendem Charakter für Kinder, Jugendliche und Erwachsene. Die Spiele eignen sich für den Kindergarten, die Schule, die Familie sowie Kinder- und Jugendgruppen. Das Buch gibt es auch zusammen mit einer CD, die faszinierende Entspannungsmusik von Ashley & Franks enthält.

ISBN 3-931793-10-9 19,80 DM / 19,80 sFr / 145 öS Buch

ISBN 3-931793-11-7 47,00 DM / 44,80 sFr / 343 öS Buch mit CD

Martin Völkening

Meine schönsten Gelände- und Nachtspiele

Eine Sammlung mit Spielen für große Gruppen, die sich für Klassenfahrten, Ausflüge, Freizeiten, Zeltlager oder Gruppenstunden eignen. Neben Geländespielen wie „Die Pfeifer“ oder „Schmuggler und Spione“ enthält es auch viele faszinierende Spiele für die Nacht.

ISBN 3-931793-13-3 19,80 DM / 19,80 sFr / 145 öS

Martin Völkening

Meine schönsten kooperativen Spiele

Die Spielideen stellen die Teilnehmer vor Aufgaben, die es gemeinsam zu lösen gilt. Es muss ein Zelt „blind“ aufgebaut oder eine Mahlzeit auf einem Baum eingenommen werden. Für den Einsatz in der Schule, der Gruppenstunde, bei Seminaren, Freizeiten oder Zeltlagern. Keine besonderen Materialien oder Kenntnisse erforderlich.

ISBN 3-931793-12-5 19,80 DM / 19,80 sFr / 145 öS

Diese Bücher können über den Buchhandel oder direkt beim Verlag bezogen werden (Adresse s.S. 125).

Martin Völkening

CD-ROM „Rund ums Spiel“

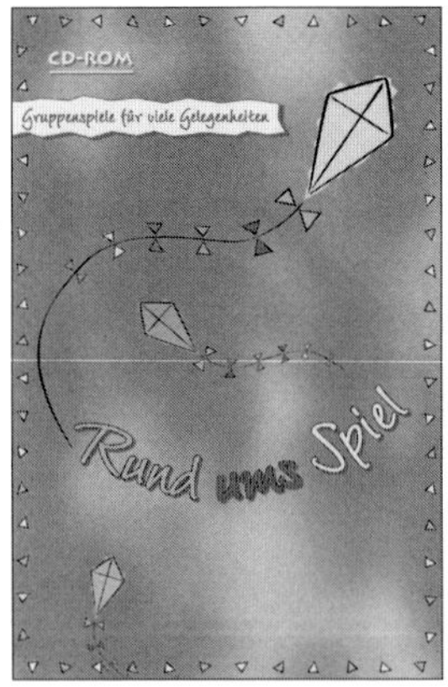

Multimediales, elektronisches Nachschlagewerk der Spielpädagogik

Was ist enthalten?

- Spiele-Datenbank mit über 300 Spielen
- Bonusthema „Suchtprävention“
- mehrere Spieleketten
- Ideen aus der Praxis
- Spielpädagogische Angebote
- zahlreiche Tipps und Tricks
- viele Farbfotos und Illustrationen
- Entspannungsmusik

Was kann ich machen?

- Gruppenstunde vorbereiten
- Spiele für Kindergeburtstag aussuchen
- Klassen- oder Gruppenfahrt planen
- Spiele für Unterricht suchen
- Anregungen für Ausflüge holen
- Seminar oder Weiterbildung organisieren
- ...

Systemanforderungen:

ab 80386 Prozessor, VGA Karte mit 256 Farben, 8 MB RAM, 10 MB freier Festplattenplatz, ab Windows 3.1, auch Windows 95 und Windows NT ab 3.5, CD-ROM Laufwerk, empfohlen, aber nicht notwendig: Soundkarte, Lautsprecher

ISBN 3-931793-22-2 66,00 DM / 62,00 sFr / 480 öS

Brinkhoff/Hanika/Senninger/Völkening

Projektarbeit mit Kindern und Jugendlichen

Eine Sammlung von konkreten Projekten, die ausführlich beschrieben und illustriert sind. Aus der Praxis – für die Praxis.

Inhalt:

- Geisterparty
- Jugendkulturtage
- Gesundheit erlebbar machen
- Straßenkinder

ISBN 3-931793-16-8 32,- DM / 29,80 sFr / 234 öS

Unsere neue Reihe **„Spielpädagogik für die Hosentasche“** umfasst zur Zeit folgende zwei Bände:

Aufteilungsspiele

Wer spielt mit wem? Diese spannende Frage stellt sich vor jedem Spiel, bevor Paarungen, Kleingruppen oder Mannschaften gebildet werden. Die beiden Autoren stellen über 50 Spielideen vor, die spielerisch zur Einteilung in mehrere Gruppen führen.

ISBN 3-931793-20-6   15,80 DM / 15,80 sFr / 115 öS

Methoden für die Gruppenarbeit

Der zweite Band bietet Ideen für den spielerischen Themeneinstieg, die Themenbearbeitung und abschliessende Reflexion. Die Methoden sind kurz und verständlich beschrieben und erfordern nur wenig oder gar kein Material.

ISBN 3-931793-18-4   15,80 DM / 15,80 sFr / 115 öS

Dank des Registers lässt sich in beiden Bänden schnell das Gesuchte finden. Das handliche A6-Format der Bücher machen den Einsatz vor Ort, also im Wald, der Turnhalle oder dem Seminarraum jederzeit möglich.

AA-Verlag für Pädagogik
Martin und Eckhard Völkening GbR
Ursulaplatz 8 • D-50668 Köln
Telefon: (0221) 130 10 57 • Telefax: (0221) 130 15 39
e-mail: info@aa-verlag.de
www.aa-verlag.de – ein Besuch lohnt sich!

Bezug Schweiz:
rex verlag luzern • St. Karliquai 12 • 6000 Luzern 5